转型
智能制造的新基建时代

李向前 陈 明 杨 敏 主编

上海科学技术出版社

序

2020年是充满"危"与"机"的一年。危机之中，以互联网医疗、教育直播、远程办公、在线公共服务等为典型代表的新兴数字化业态呈现出爆发态势，产业互联网发展被按下快进键，对抗疫复工发挥了重要作用，也为经济复苏带来了曙光。而产业互联网变革，离不开"新基建"的支持。

新基建是支撑数据采集、传输、存储、计算、分析、应用、安全等能力的新一代基础设施，包括5G、人工智能、数据中心、云计算等关键领域，其以数字基建为核心，具备跨网、弹性、智能三大特征。在此基础上各行各业可以有效获得关键的数字化框架、资源和技术，开展各种数字化应用创新，加速实现向产业互联网的升级。新基建的建设，意味着产业需要大力培育新动能、往高质量发展的快车道行驶，也意味着企业数字化的核心技术和落地应用将大量爆发迭代。新基建时代的到来，不仅加快了传统制造向智能制造的转型升级，也为制造产业数字化提供了良好的土壤。

历史上每一次产业变革，都呈现出从底层到顶层、从局部到整个产业体系的换代升级。新基建时代的数字化转型升级，

也是一个长期的系统性工程。建设落实新基建，需要转换与传统基建不同的思路。"铁公机"为代表的传统基建，最大的特征就是重"硬件"。而新基建的核心是数字，硬件是外壳，发挥作用的根本部分在软件。因此，投资建设新基建时应避免重"硬"轻"软"。以云计算为例，数据中心的机房和服务器是新基建，上面承载的 IaaS 和 PaaS 也属于新基建；腾讯云与烟台、张家港等多地合作，落地工业云基地，通过搭建工业云和工业互联网平台等，帮助各地吸引和推动工业企业实现上云转型。这些都是新基建能够成功投建、真正用起来的必要内容，也是智能制造建设的有效工具。

发展新基建，还要与产业互联网充分协同。产业互联网作为连接用户的上层应用，对新基建能起到自上而下反哺的作用，能将新基建更好地与终端需求衔接，为整个新基建生态建设赋能，因此至关重要。这不仅需要政府政策保驾护航，更要积极发挥市场机制和民营经济的作用，充分鼓励互联网科技企业成为生态共建者，积极参与融合基础设施的升级改造，在信息基础设施、创新基础设施建设中勇于创新，在关键核心技术领域实现突破。

工业制造企业如何在新业态下完成逆袭，不仅需要魄力，更需要智力。本书围绕新基建给行业、产业带来的新形势，从政策理论解读、平台产品介绍、方案实例讲解几个方面，给制造企业转型升级带来了有益启发和思路。

序

从长远来看，新基建这波浪潮或新基建时代的到来，不仅会带给行业发展数十年的黄金机会期，同时也考验着政府和企业的远见卓识以及大刀阔斧改革的魄力。能不能有效推动新基建、数字要素和产业互联网"路-油-车"协同发展，将是未来经济新动能的关键所在。

腾讯研究院院长　司　晓
2020 年 7 月

前　言

如今我国不仅是世界制造业中心，也是世界第二经济大国。2020年新型冠状病毒肺炎（简称"新冠肺炎"）疫情作为本年度最大的黑天鹅，让我国经济社会和制造业都面临巨大考验，但今年我们同时也迎来了"新基建"时代。新基建，其根本使命是为中国经济高质量发展再带来新燃点和新动能。新基建不仅是我国恢复疫后经济的重要机遇，而且更是各行各业借助数字化重塑生命力的加速器。

事实上，新基建并不是一个短期的风口，而是整个经济社会和工业体系全面向数字化、智能化转型的时代趋势，需要政府和企业的共同发力。5G基建、特高压、城际高速铁路和城际轨道交通、充电桩、大数据中心、人工智能、工业互联网是新基建的七大板块。其核心建设内容是围绕科技创新和基建领域的提升，助力中国制造转型升级，从而为疫后的经济社会发展和培育产业新动能注入新动力。对于行业而言，如何乘此东风华丽转身，实现数字化、智能化、高质量发展，则需要各界人士的共同努力。

为了让更多相关人士深入了解新基建时代的发展需求，更好地投身于这场变革浪潮，腾讯联合同济大学、中国产业互联网发展联盟（IDAC）、深圳市工业互联网行业协会、上海犀浦智能系统有限公司共同举办了"智能制造与工业互联网"主题的系列公益联播讲座，从理论体系、政策解读、平台和产品、解决方案、落地案例等多个维度深入讲解，覆盖主题全、持续周期长、专家解读深，从0到1为制造业数字化建设支招。该活动持续了42天，获得数十万名观众在线收看，受到了工信部、各大企事业单位、行业机构及服务商的高度关注，也获得业内各界广泛好评。在此基础上，我们从数十名行业知名专家的智能制造深度研读和实践案例中，再次甄选出了14篇代表性报告进行梳理完善并汇编成本书，以期为相关行业和企业适应新基建建设需求、推进智能制造建设提供借鉴与参考。

本书在编撰过程中得到了中国机械工程学会物流工程分会、三一重工股份有限公司、美国国家仪器（NI）、中国航空工业集团有限公司、西门子工业软件有限公司、北京和利时智能技术公司、明略科学院、台达集团（中国）有限公司、中新软件有限公司、上海优也信息科技有限公司、深圳模德宝科技有限公司的大力支持，在此表示由衷的感谢。书中个别图片未及时联系到原作者，如有任何问题，请随时联系作者（chen.ming@tongji.edu.cn）。同时，由于本书编撰整理匆忙，不足之处在所难免，恳请见谅。

作者

2020年7月

目 录

趋势与解读

企业数字化转型
  陈　明 2
智能工厂物流规划与运营
  邱伏生 26
助力者：腾讯工业互联网助力企业全面数字化
  李向前 45

技术与评价

智能制造规划与评价
  杨　敏 72
工业互联网物联接入技术
  朱毅明 88
从边缘计算到工业互联网
  郭　翘 106
工业大数据应用的实践与认识
  郭朝晖 125

知识图谱赋能工业智能化
　　于　政　　　　　　　　　　　135

应用与实践

三一重工远程运维系统
　　袁爱进　　　　　　　　　　162
机器视觉概述及市场应用
　　杨延斌　　　　　　　　　　177
航空工业的数字化翅膀
　　宁振波　　　　　　　　　　196
离散制造业聚合系统在电梯行业的应用
　　高子越　　　　　　　　　　208
面向消费类电子产品规模化定制
　　成亚飞　　　　　　　　　　223
数字孪生与航天系统工程应用
　　方志刚　　　　　　　　　　237

趋势与解读

企业数字化转型

陈明
同济大学工业 4.0 学习工厂主任
中德智能制造培训专家组中方首席专家

1 数字化转型的误区

首先什么是数字转型？有人认为引入了 ERP 或者 MES 等系统，再把它们集成一下就是数字化转型；也有人认为在原来自动化的基础上加入一些数字化的手段，如 AR、VR 等，通过虚拟的眼镜来指导装配工作，就是数字化转型；还有人认为引入一套数据采集系统把数据采集上来，或者用现代化的装备，比如说工业机器人、数控机床等替代人工操作，就是数字化转型。而实际上，在数字化、智能制造、工业互联网等大背景下的数字转型不是这么简单的单点技术改造或单点系统应用,而是要把原来一直在做的精益生产、经营管理、质量管理及一个个子系统进行总结归纳,形成一个工业技术的体系,这才是企业数字化转型。

为什么说要形成一个体系呢?比如智能仓储,是不是上了智能仓储,这个企业马上能提高它的物流周转率了呢?很多工厂发现虽然仓储越来越自动化、仓库越来越大,但是由于没有对整个生产物流进行总体分析,只把东西放在更多的货架上,并没有有效的办法降低库存,那么实际上就没有提高物流周转率。第二个例子,如果企业实施了数字化系统、替换了数字化装备,是不是就提高了生产效率呢?在单点上肯定是提高了效率,但是从总体来看就不见得,因为没有对整个生产线、整个场内的物流进行分析,哪里是瓶颈不知道,所以装备不能真正地发挥作用,因此整体效率没有提升。第三个例子,产品出厂之前都有检测,如果增加很多数字化的智能检测装备,是不是就能提高产品的质量呢?实际上产品质量只做最后结果的检测是远远不够的,应该从源头、从产品的制造过程分析,对产品生产全过程进行监测,也要对生产产品的装备性能、健康状态进行分析,只有健康状态良好的情况下才能生产出符合质量要求的产品。所有这些问题,实际上都是一个系统的问题,所以说数字化转型要形成一个体系。

总结起来,当前企业对数字化转型主要有以下几个误区:

(1)重"战术"轻"战略"。现在企业实施的数字化,更多要考虑企业战略转型，要将战略目标、数字化目标紧密结合在一起。比如，原来的经营模式可能就是卖产品，现在则要卖产品和服务，而且服务所占的比例越来越高；如果产品个性化需求比较大，那可能需要转型到个性化定制生产。企业的战略转型是最重要的，战略要支撑转型，要能区分当前的收益和未来的发展，虽然要看数字化近期的投入产出比，但最关键的是要把数字化、信息化环境下的新型能力建设起来，这个战略目标就是要通过数字化把质量、生产、营销、研发、成本和服务结合在一起。

图1从几个维度说明这个问题。比如，原来只能进行质量检验，到后面要能够进行全面质量管理能力，最终形成全产业链的质量管控能力和质量在线分析与优化能力。同样在生产、营销、研发、成本和服务这些方面，都要建设数字化环境下的新型能力。另外，不能只看重个体的发展，而是整个生态圈都要数字化转型，原来是企业跟企业的竞争，现在是生态圈跟生态圈的竞争。

（2）有"系统"但"不系统"。现在系统很多，AT系统、OT系统、IT系统等，IT系统里面又有ERP、PLM、SCM、CRM等，但是这些系统没有有机地整合在一起。只有系统跟业务流程紧密地结合在一起，和管理机制结合在一起，这些系统才能够发挥更大的作用。另外，人、机、物料互联后产生了大量的数据，这些数据需要整合在一起进行系统的分析来支撑

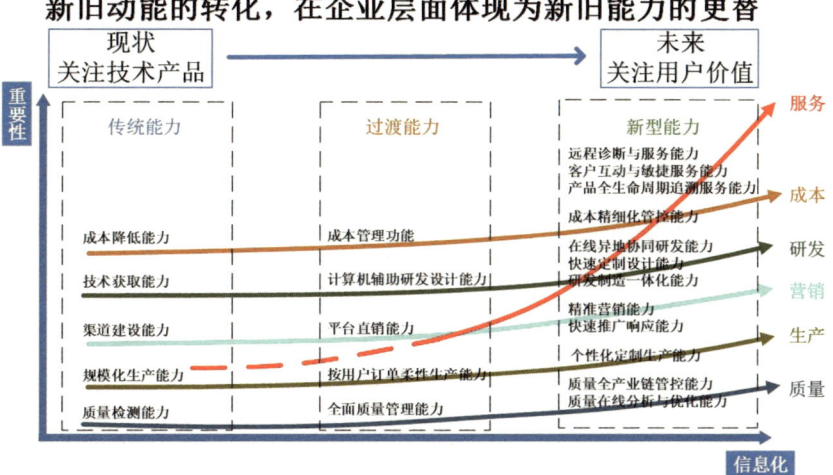

图 1 企业在数字化中的战略转型

经营目标。最后,系统的集成不仅仅是企业内部各种子系统的集成,还要有对生态圈、产业链宏观调控和系统共享的能力,也就是说,要充分发挥互联网或工业互联网的作用。

(3)快"变化"慢"响应"。市场的需求变化是很快的,个性化需求的要求响应速度也要很快。但实际上很多企业的软件系统比较庞大和固化,如 ERP、CRM 等,根本不能及时响应市场变化。那么,数字化、工业 4.0 时代,ERP 应该怎么样才能很快响应个性化、多样化的需求变化呢?原来的系统架构肯定不行。技术在快速变化，要求业务流程的调整也要跟上技术的步伐，比如使用产品二维码、电子标签后可以使业务流程简化，因此要考虑怎样通过新技术简化流程，并进一步考虑组织架构应该怎样调整才能响应这样的变化。

（4）强"物力"弱"智力"。数字化转型带来的是人力的减少，但并不是没有人。转型后，企业岗位会发生很多变化，有的岗位会消失，有的岗位仍然保留，但岗位能力要求会发生变化，也会产生一些新的岗位。为适应岗位需求的变化，企业要对员工进行持续培训，跟上新技术的发展，而目前很多企业都知道人才重要，但是真正在这方面花的精力还不够。另外，现在有了大量的数据和经验，需要把它上升到知识，成为数据资产、智力财富，这方面的能力目前还很欠缺。

2　数字化转型转什么

2.1　战略转型

首先，要明确战略目标。我们的生产模式是什么？我们的产品将来要在全国和全球市场占比多少？我们的企业到底是进入一百强、五百强，还是多少强？这就是我们的战略目标。有了战略目标，就可以明确关注点是放在产品研发创新，还是放在智能制造模式创新，或者是放在由生产型制造向服务型制造转变上。有的企业把源头产品的创新集中在一起，通过各种机制和平台来解决。比如，德国 SAP 的 PLM 系统就是把产品的需求分析、概念设计方案，通过人工智能的手段进行分析和创新。还有很多企业在进行个性化产品定制、网络化协同制造，或者远程运维等新模式的探索，这些都是必须要在战略上转型的。另外，战略上要形成协同的生态圈，要能够把关注点放在整个生态圈上，把上下游企业、供应商、用户整个纳入生态圈，跟着生态圈共同成长。

2.2 机制转型

机制转型就是从企业的战略出发，对企业战略进行分解，使其成为具体的战略需求，再重点研究在数字化环境下支撑这些战略需求的新型能力，然后形成核心业务的目标。这些目标都是通过由数据驱动的业务流程、组织架构来实现的，最后用技术来支撑（图2）。在实施这个层面，先要进行策划和开发

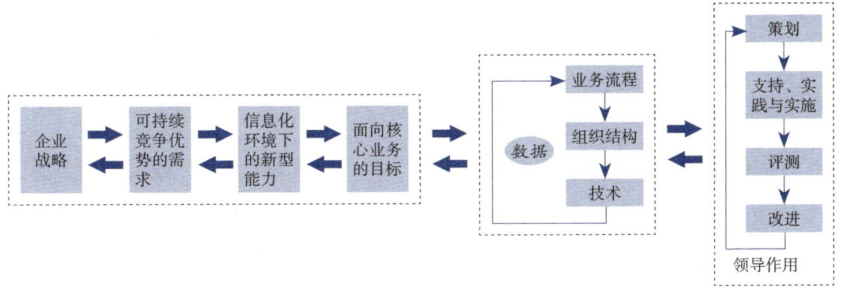

图 2　企业在数字化中的机制转型

转型：智能制造的新基建时代

实施，最终进行评测，评测后改进，这样就形成了一个螺旋式上升的过程。所有这些机制的改变会对降本增效起到非常好的作用。

2.3 方法转型

我们强调要有需求场景驱动的系统化的数字化业务，数字化与业务的融合也就是我们说的两化融合。需求场景就是个性化定制，随着人们生活水平的提高，个性化定制的需求也越来越大。接到个性化需求后，就要对产品进行快速配置，能够进行快速配置的基础就是标准化、模块化和数字化。用户的需求千差万别，如果用标准化和模块化还不能解决的，就用三维数字化来进一步处理（图3）。

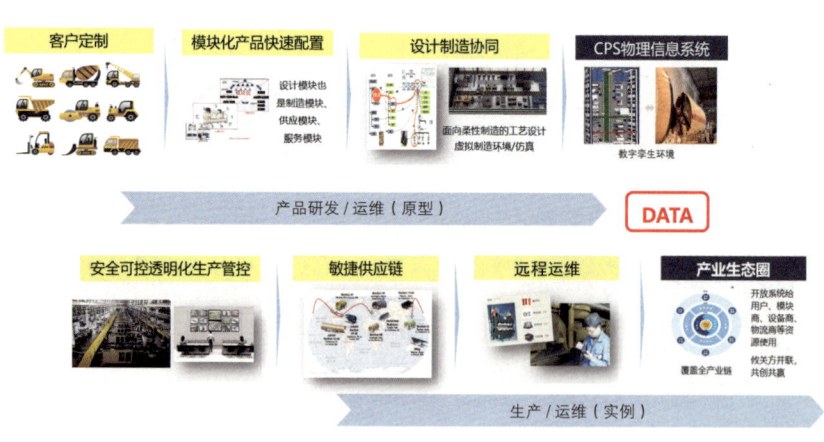

图3 企业在数字化中的方法转型

接下来就是设计和制造的衔接,打通设计和制造的壁垒。生产要安全、可控、透明,生产线要自适应,不仅仅要求生产线有柔性,还要求生产线有自主性,能够自组织,这样的生产线才是动态生产线。在生产过程中,供应链也应该能够自主处理、调整。产品交付后,接下来要远程运维,最后通过这个产品形成产业的生态。

2.4 能力转型

很多企业已经逐渐意识到人才的短缺,但是并不是说有一两个人才就能解决问题的。企业需要对人才进行持续培训,还需要把工程师的经验转化成知识资产,同时还要有一个系统来满足科学决策与精准执行的要求(图4)。

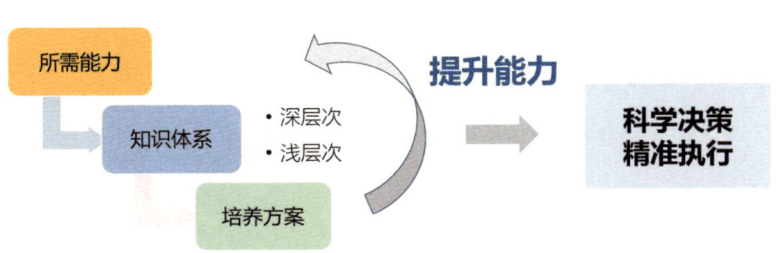

图4 企业在数字化中的能力转型

3 数字化转型怎么转

图 5 是 2015 年德国联邦教研部发布的数字化转型路线图，也称为价值链条/网络的数字化路线图。

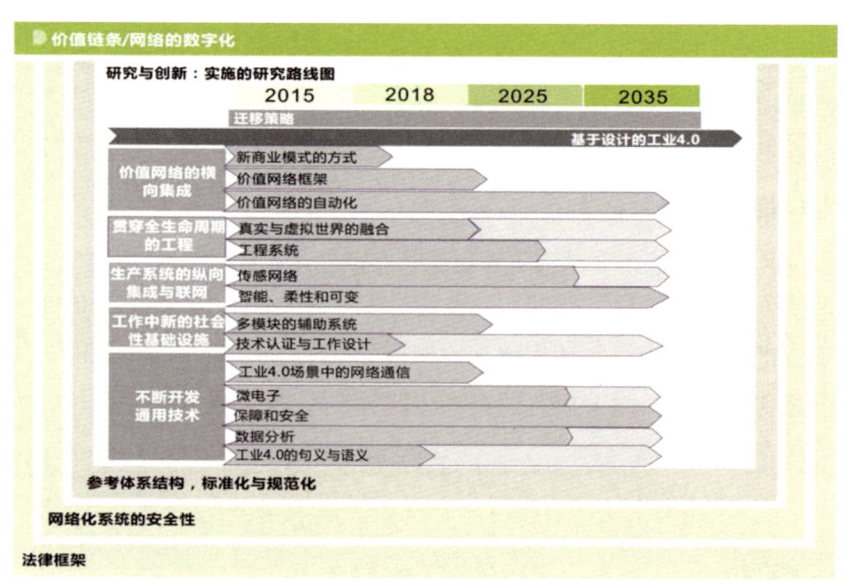

图 5　数字化转型内容
（来源：工业 4.0 研究院翻译部翻译）

该路线图有这几个部分：第一项是价值网络的横向集成，包括新商业模式的方式、价值网络框架、价值网络的自动化；第二项是贯穿全生命周期的工程，主要针对的是产品；第三项是生产系统的纵向集成与联网，也就是所谓的三大集成；第

四、第五项分别是工作中新的社会性基础设施和不断开发的通用技术,即支撑技术。可以看出,德国的这个路线图是从2015年到2035年,也就是说,数字化转型是一个长期的、艰巨的任务,不是一蹴而就的事情,是要以系统的思维来考虑的问题。

3.1 三大集成

首先分析生产系统的纵向集成。

最下端是AP系统,即自动化系统;中间是OT系统,即操作层面;上端的是IT系统,是信息技术层面。企业必须要打通从上到下的路径,形成一个纵向机制。那么,生产车间要打通路径会发生什么样的情况?今天的生产线都是固定的,所谓的自动化实际上是让机器和系统为人工作。

图6是一个汽车总装的案例,汽车组装很复杂,但我们把它简化成4个工作站,每个工作站就是一条生产线。假如在第一个工作站把汽车的底盘装好,第二个工作站把车身装上去,第三个工作站把车轮等行驶系统装上去,第四个工作站把座椅内饰、仪器仪表装上去,经过这4个工作站,车子就装配完了。自动化的生产线非常重要的优点是,每个工作站都很专业,基本上用的是专机,所以效率很高,只要把生产的节奏控制好,车就会一辆接一辆地装配完。假如工作站2出现问题,工作站3跟工作站4加工完之后,工作站2没法再提供车辆,工作站1

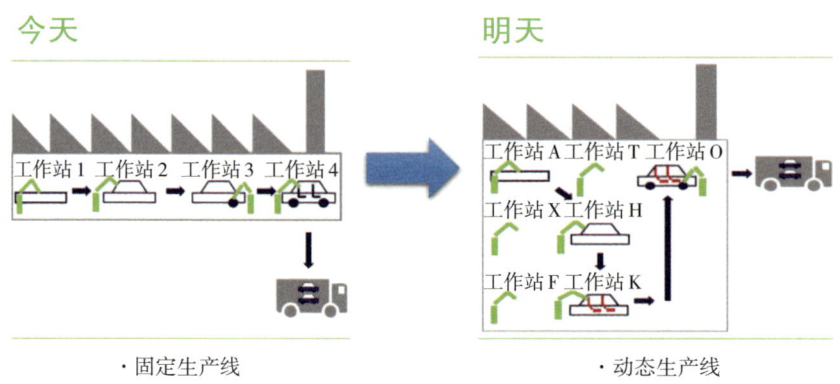

图 6　生产系统的纵向集成

做完以后也没办法送到工作站 2。也就是说，整个系统就停止生产了，要等工作站 2 修好后才能够正常工作。

实际上，真正的生产线是不能停顿的，往往在工作站 1 跟工作站 2、工作站 2 跟工作站 3、工作站 3 跟工作站 4 之间都有一个缓冲区，缓冲区储存了很多的零部件，也就是说，当工作站 2 坏的时候，工作站 3 还能够从缓冲区里去"拿"零部件。即使这样，也要赶快把工作站 2 修好，如果不及时修好，生产还是会停止。从理论上来说，固定生产线的工作站 2、3 坏掉的话，整个生产线肯定就停顿了，所以固定的生产线不是智能化的生产线。所谓智能，强调 smart，即能够自适应、自组织。所有的汽车企业在自动化方面做得都很好，但是企业两化深度融合，强调的是广度跟深度。怎么样深度融合才能使整条生产线变得智能，这就是数字化转型需要考虑的问题。

趋势与解读

再看明天的生产线，明天的生产线有工作站 A、T 等，它强调的是可以装车身的工作站不止一个，可能有工作站 T、F、X，生产系统动态地选择一个工作站，比如现在选择的是工作站 H，那么就到工作站 H 进行装配，下一步也是动态的选址，所以这个生产线就不是固定的生产线了。同样两辆型号、配置一样的车，其生产线也可能是不同的。

如果其中某一个工作站出现故障，生产是不会停顿的，只是原来一个小时生产 100 辆车的，现在可能只能生产 90 多辆了，因为少了一个工作站。在现在的条件下，所有的工作站都可以安装传感器和数据采集装置，对其进行健康状态分析，通俗地说，就是每个工作站都装上手环来监测它的健康状态。那么任何设备健康状态开始走下坡路的时候，就可以在生产量不是很紧张的情况下，人为预先地对它进行主动保养，所以也就不容易坏。固定生产线车辆一上去就下不来了，一环扣一环，而动态生产线每个环节都是动态的，所以假如说某一辆车进展到一半，客户要求改变配置，它马上就可以离开这个生产线，系统动态地分配一个工作站，具有非常大的灵活性。所以它不光是柔性的，而且是自动化的。因此，从数字化转型来说，生产线就是要打破固定的生产线，变成动态的生产线。

罗兰·贝格曾经描绘过一条未来的生产线会是什么样子。他说以后的车间就像一个舞池，里面的生产设备就像是女性舞伴，被加工的零件、产品就像男性舞伴，如果你要车、铣、刨、磨,这个舞池里车床有好几台、铣床有好几台、铇床有好几台、磨床有好几台,你去动态地找这四个舞伴跳舞,跳完舞以后,任务就结束了。而我把动态生产线比喻为菜市场,舞池都是同时在换舞伴,但是菜场不是,是从这个摊位走到另一个摊位,加工的任务就像采购清单,大白菜、肉、鱼就是车、铣、铇、磨,你可以拿着采购清单找摊位,怎么选择摊位呢?这跟动态调度是一个道理,你看这个摊位卖的东西质量好、价格便宜、没人排队,你肯定就买了,这就是动态的选择了。最后把采购清单任务完成,生产也就完成了。

其次是价值网络的横向集成。

也就是说,要把不同的供应商、上下游企业一起带进来,形成一个价值网络。在选择供应商进入的时候是有原则的,即要有一定的打分规则,对供应商提供的产品质量、价格、服务、财务状态等因素进行打分,把供应商全部纳入系统当中形成一个价值网络,那么订单来的时候,就可以在价值网络里动态选择供应商。在这个价值网络里面,信息是一定程度公开的,这样才能够形成信息的共享,也就可以形成新的模式。

国内外很多企业已经做了这方面的尝试,如实时的动态供应链。最后主机厂、供应商、服务商要制定统一标准、培训和分级模式。例如,德国的宝马和大众公司就有一系列的数字化标准,能够实现TPM和APS的管理模式。所以,在整个价值网络中大家能够共赢，价值网络就形成了，这个供应链就能够快速地响应起来。比如，汽车主机厂原订的汽车轮胎是非洲某个国家的，如果该国发生政变了怎么办呢？在价值网络里面的轮胎供应商很多，可以去选择第二家、第三家，很快就能形成新的供应链，这个就体现了智能的程度。在新冠肺炎疫情期间，大家明显地感觉到供应链跟不上，所以很多供应链专家也对这个情况进行了分析，以解决供应链跟不上的问题。

最后是贯穿产品全生命周期的价值链集成。

举个例子，如果我现在要订车，按照以往的做法肯定是先到 4S 店看车，选定了某种配置，这些 4S 店所能给出的无非是价格上一定程度的浮动和赠送的服务略有区别。而在数字化转型中，就要考虑网上订车的情况。如果订大众品牌的汽车，可以在大众的主页上下载一个订车 APP，线上选择配置，这就是数字化转型的一个方面。APP 还应该能够支持个性化定制，即把客户的个性化要求以文字形式输入订单，或者客户自己做了一些设计。例如汽车座椅，虽然现在的设计都符合人因工程，但是客户可能因为自己的身高原因而专门找人按自己的尺寸设计了座椅，客户可以把图纸输进去。企业拿到订单以后，先由技术部门进行可行性分析，认为可行后由价格部门定价并反馈给客户，客户接受报价就可以付首付，然后还可以看到整个生产过程，这个就是用户体验。

2004年左右,德国沃尔夫斯堡的大众总部门口有一个叫Autostack的汽车塔。德国人可以在家附近的4S店取车,也可以到总部取。如果到总部取车,车子是摆在这个汽车塔的最上面,电梯上去后可以开着车子缓缓地沿着汽车塔开下来,下来的过程中有很多体验设施,如S形或波浪形道路、涉水道路等,体验完之后就可以开车回家了。这个用户体验还是比较后期的。但到了2015年工业4.0比较热的时候,大众公司在德累斯顿的玻璃工厂里专门设有一个VIP房间,房间设计得非常豪华,另外订车可选择的配置也更多,如可以选择座椅皮的厚度,皮质面料从精细到粗糙有不同等级,有很粗糙的、比较粗糙的、比较精细的、特别光滑精细的,最后可以选择颜色。全部选择完后,就可以在电脑上看到所选车辆生产出来后的样子。这个用户体验让人感觉非常好,首先整个VIP房间装修非常豪华,一走进去就感觉你是一个"very important person";其次,当底盘和车身结合的时候,它会向你发出邀请,你既可以到厂里,也可以在家里按动按钮,底盘跟车身才会结合在一起,他们给这个活动取了一个名字叫wedding——婚礼;第三个体验是在你取车的时候,德累斯顿的玻璃工厂边上也有汽车塔,可以体验驾驶感受。

从上面的过程可以看到用户体验已经从原来的一个单点,现在分成了至少三个点,即订车的时候、生产过程中和取车的时候,但是它仍然是离散的。如果在网上,可以看到车子的生产全过程,你会欣喜地发现,发动机跟变速器组装在一起了,驱动桥也装上去了,整个过程都可以参与和体验。假如这辆车不如你想象的那样满意,你可以随时叫停,这也是工业互联网提供的一个非常强大的功能。所以,它描绘了这样的场景:产品只要不出场,想修改都还来得及。最终,汽车生产就像在裁缝店定做衣服一样,如果发现纽扣与西装不搭时可以说再考虑一下,等到考虑好之后再继续。

把车开回家以后,车还是联网的,用户的开车习惯、保养习惯等都会被记录并分析,这对开车的"菜鸟"是非常有用的,它会提醒你刹车是否用得太多或太晚,还能提供一些个性化保养服务。另外,开车的时候仪表盘灯亮有两种情况:一种是黄灯亮,提醒警告,如机油要换了、雨刮水少了等;还有一种是红灯亮,就是出现故障了。对于联网的汽车,生产厂家已经在非常重要的部件上装了数据采集装置,可以将数据采集到服务器上,有专用的软件对部件的健康状态进行分析。如汽车开始使用的时候是磨合期,磨合期之后汽车性能最好,开了较长时间以后性能开始下降,这时系统就会捕捉到这些信息,当它感觉汽车将出现问题时会预先提醒,告诉你什么部件可能会发生健康问题,用户就有足够的时间去预约进行检查。

通过上面的例子可以看出,贯穿于产品全生命周期的价值链(图7)整个被打通了,我们的数字化转型要支撑这样的业务场景。

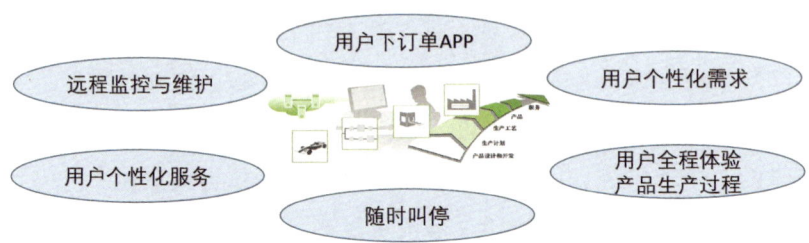

图 7 贯穿产品全生命周期的价值链

3.2 技术基础

为支撑三大集成,技术方面也有很多方式,下面重点介绍其中的两种。

第一种是 CPS,CPS 是工业 4.0 的基础。

CPS 最早由美国 NASA 于 1992 年提出,到了 2013 年,德国再次把 CPS 用到生产企业的数字化转型中。如图 8 所示,我国把 CPS 分成了三个等级,硬件+软件的单元级、硬件+软件+网络组成的系统级,以及硬件+软件+网络+平台构成的系统之系统(system of systems,SoS)级。也就是说,一般的装备是单元级;设备形成一个生产线,是系统级;工业 4.0 是 SoS 级,因为它是由平台下众多的系统构成的。

趋势与解读

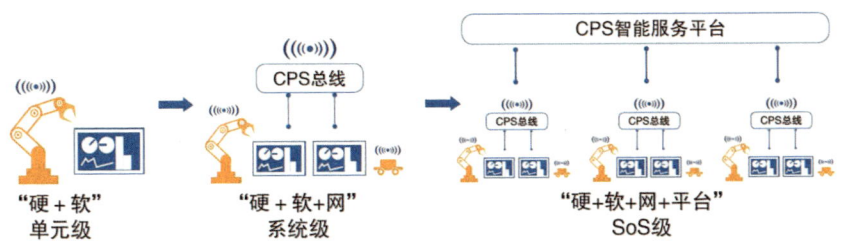

图 8　CPS 的三个层级
（来源：《信息物理系统白皮书（2017）》）

CPS 在城市交通、智慧城市、智慧地球等领域都可以得到广泛应用，对生产或工业数字化本身来说，它的作用可通过图 9 说明。我们需要把原来经典的自动化金字塔结构打破，将它变成现在这样的网状结构。金字塔结构与网状结构有什么区别呢？

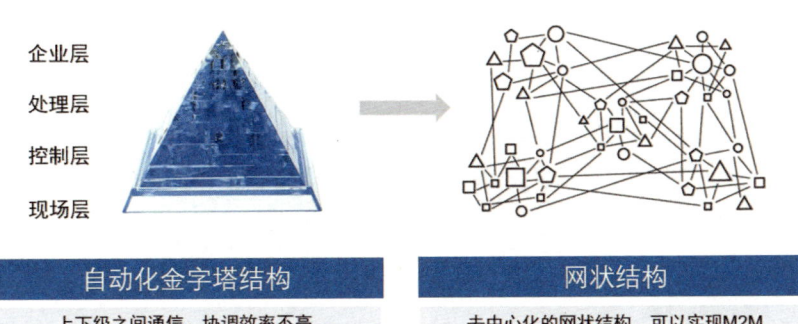

图 9　基于 CPS 的横向集成

19

首先，在金字塔结构中，现场层的设备间实际上都没联网，很多企业的设备跟上面的 IT、OT 也没有联网，而网状结构中，CPS 就是希望这些装备互相联网。

其次，在 CPS 中上层的这些大型软件系统也应该要打散，比如企业层的黑点代表的是 ERP，金字塔结构中 ERP 就只有一个大型软件，网状结构中黑点就不止一个，可能有三四个，咖啡色代表的控制软件也有三四个，也就是说软件不应该采取原来大而全的、非常重的系统，而应该选择小的 APP，这样一来整个系统的响应速度马上就大幅提升了，它可以用来支撑动态生产线。

将每一个工位都互相联网，上层的软件也互相联网集成，这就是 CPS。在这个横向集成里面，整个生态圈的 CPS 通过去中心化的网状结构，就把整个产品的产业链连起来了。所以 CPS 关键的核心就是网状结构，大家能够互相通信、互相协作。

第二种技术是数字孪生。

数字孪生最早是在航天器的研发和运营中使用的，如在研发过程早期需要做一个物理样机，然后对其进行实验和分析，再用数字样机进行分析；在运营过程中，航天器上天后要对其进行监控并采集数据，比如它的状态参数、仰角、燃烧参数等，这些数据最后要应用到数字孪生中，并且要与物理的航天器同步。所以存在着一个现实空间和虚拟空间，现实空间的数据要传递到虚拟空间，虚拟空间又可以反作用于或用于调整现实空间。以前航天领域都是采用物理孪生，比如运载火箭，要同时造两枚，一枚不飞，一枚实际飞行。上天以后如果出现任何问题都可以通过观察地面没飞的火箭系统的状态来追溯，相比而言，数字孪生的优势就非常明显了。

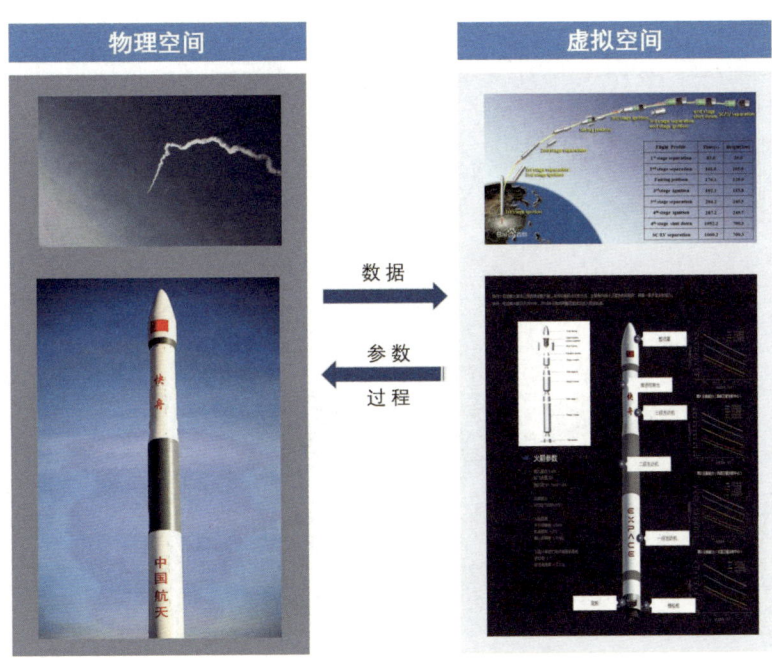

图 10　数字孪生的作用

21

转型：智能制造的新基建时代

从整个生产系统的智能制造、数字化转型技术支撑来说，数字孪生有这几个方面的应用：第一是产品数字孪生，就是产品进行数字化设计、仿真和验证，包括机械、多重物理量、电子和软件管理等方面；第二是生产数字孪生，也就是生产线开始建造前先要进行规划和仿真，包括物流仿真、工位安排等，再进行预测与优化。有了生产数字孪生以后，接下来得有一个真正的物理工厂，也就是我们说的真实的生产。真实生产出来的物理产品跟前面的数字孪生是一对，真实的生产跟虚拟的生产又是一对，可以看出它们之间是互相依赖的。最终是希望通过开放式的物联网操作系统将它们串起来，进而获得性能的改善和持续的改进。图 11 为一个完整的数字孪生过程。

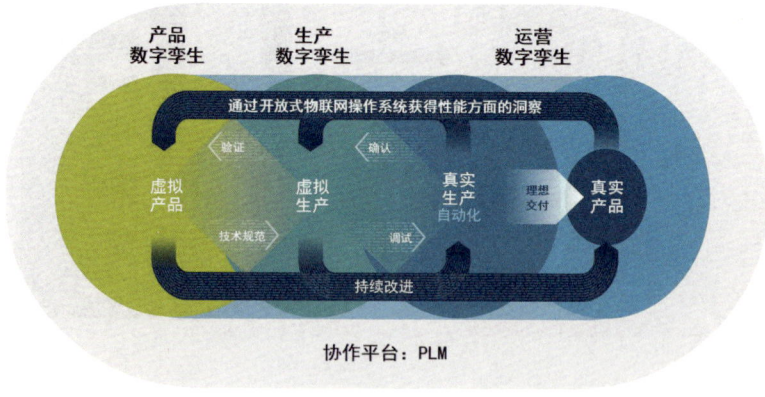

图 11　完整的数字孪生过程

其他重要的技术还有移动通信技术（如 5G）、大数据、新一代人工智能等。

3.3 数字化转型规划

数字化转型涉及的面很广，从企业内部来说，销售、研发、生产制造等都会贯彻，如果放开到整个生态圈，范围就更加广，所以必须进行整体规划。做整体规划先要对企业的现状进行分析，对相关部门进行调研，分析它的瓶颈，然后要结合目标和愿景去确定每一步。最怕的是没有做整体规划，只在单点上实施，最后就是单个的子系统，没有形成一个强有力的整体，结果导致有"系统"但"不系统"的状态。有了整体规划，就知道现在的系统和未来的系统之间的关系，将来能够集成在一起，数据能够打通，最终能够为企业的运营目标做支撑。因此，数字化转型前进行整体规划是非常重要的。

3.4 智能制造人才培养

目前，智能制造人才是奇缺的，原因是智能制造打破了原来的学习模式。原来是按专业学科这条主线来学习的，而智能制造特别强调不同学科不同专业的交叉。从工科的角度来说，涉及的有机、电、控制、软件、通信等领域，交叉性非常强。所以，德国莱茵 TÜV、中国机械工程学会和中国机械工业职业技能鉴定指导中心等单位都在开展智能制造人才评价、人才标准和支撑的培训工作，其中就包括课程的培训认证体系，如德国的莱茵 TÜV 工业 4.0 应用工程师认证就把证书分成了关键技术级、设备级、子系统级、系统级等（图 12）。

图 12　工业 4.0 工程师认证证书

4　数字化转型的路径

不同的行业，数字化转型会有不同的路径；同样行业中不同企业的基础不一样，所实施的路径也不一样。图 13 所示的大型集团企业有很多的工厂已经在做智能制造的试点示范，也就是说这条蓝线已经在进行，但现在企业感觉必须要在集团层面做数字化转型，在整个转型过程中可以请外部专家咨询，但是最终能够可持续发展、把专家咨询意见落到实处还是要靠自己。所以，他们还有一个人才培训路径，这几条线是同时在做的。

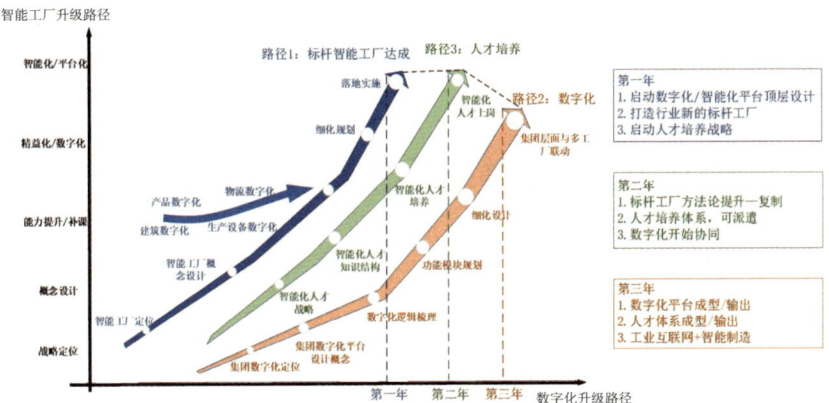

图 13　数字化转型路径

总而言之，企业数字化转型要跟企业的战略目标相吻合，数字化转型是企业战略目标的一个子目标，是通过数字化手段和新一代信息技术手段来支撑战略目标、融合业务流程的。只有这样，才不是做花架子，不是虽然上了不少系统，但是这些系统能串起来能促进业务或能增值却不多，这是在数字化转型过程中首先要克服的问题。

智能工厂物流规划与运营

邱伏生
中国机械工程学会物流工程分会副秘书长
上海天睿物流咨询有限公司首席顾问

  关于智能工厂的物流规划和运营,目前鲜有成熟的方法论,智能物流集成商中能全面对接制造业的也比较少,所有企业都还在探索阶段。现在很多专家都谈"智能制造",却很少涉及智能物流的理论。那么,是因为智能工厂的物流规划与运营不重要吗?显然不是。受新冠肺炎疫情影响,大量制造企业无法复工,其根本的问题就是员工不到位和物料不到位。像特斯拉工厂也面临阶段性复工难的问题,就是因为供应商的物料到不了;韩国和日本的很多制造厂也都担心因隔离措施阻断了与中国的物流和供应链,影响物料供应。

趋势与解读

这么多企业都面临相同的困境,是否只是疫情影响呢?实际上,制造企业天天都在忍受物流和供应链不专业带来的交付痛苦和效率损失,只是这些问题在新冠肺炎疫情的冲击下被放大了,所以这是整个制造行业无法忽视的根本性问题。

1 追本溯源:智能工厂物流的重要性

谈到物流,我们通常会想起什么?也许你会想到京东和菜鸟,尤其是在疫情期间冒出大量生鲜食品电商之时;你也可能会想到中远、中外运、顺丰或海尔物流。但是,当我们谈到"智能制造物流"或"制造物流"时,仅仅是讨论叉车、托盘和物料吗?这个概念里有非常多内容值得讨论。

首先了解下智能工厂的物流场景。它可以是一个智能立体库,也可以是一条生产成品的物流输送,更多时候是在不同行业中的具体应用,如家纺行业一般会采用智能的悬挂链系统,机加工、装配类企业会采用自动引导车(automated guided vehicle,AGV)运输。通常,这些智能工厂的物流场景是将物流设施、物料和生产设备连接为一体。所以从规划建设的角度讲,智能工厂的物流是动态的,由供应商供货,到自动立体库,再通过输送线输送到工位上,接着打包后运输或下线装备进库存,整个过程是需要有一个强大的工业互联网或智能制造信息平台进行支撑才能实现。

当然,物流对每一家制造企业都很重要。对于企业来说,管理者关心的现金流量表,其最关键的两个参数就是现金和库存。而在传统企业里面,库存和现金流通看似都掌握在财务手上,但事实上库存的流动取决于物流。试想如果物料没有周转,资金又怎么会周转呢?

因此,若不重视物流规划与运营,也就意味着企业已经放弃了流动资产的优化与管理。因为资产分为固定资产与流动资产,其中流动资产要有一定的利润,流动效率越高,企业盈利就越多。如果不重视物流管理,就很可能导致企业现金周转不顺。如果没有智能物流和供应链的协同支撑,智能工厂也不能完全运转起来,只能停留在实验室的阶段。

智能工厂规划和运营需要回归、追求制造的本质(图1)。一家制造型企业的物流一般包括采购物流、生产物流和成品物流(或销售物流),当然还会有回收物流。不同行业对这四段物流的需求是不一样的,但本质一样,即支持快速制造和有效交付,满足客户要求。

不管是哪一类企业,都是以交互为中心的。在这种情况下,流程型企业的生产物流就相对简单,如饮料行业和化工行业就不存在总装之类的繁杂过程,更多依赖管道物流。但是离散型企业的采购和生产物流就会非常复杂,如飞机、汽车、手机、家电的制造厂商在采购和生产物流上容易忽略很多问题;另外,这类企业的成品物流也比较麻烦,因为大部分成品要到消费者手上可以通过定制型点到点进行,也可以通过经销商、

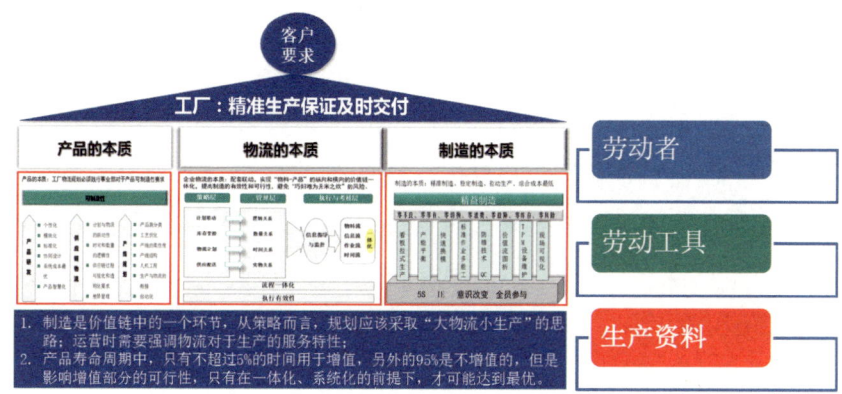

图 1　智能工厂规划和运营需要回归、追求制造的本质

连锁店和电商再流通出去,这种企业的成品物流就变得非常复杂。而像飞机、轮船之类大型产品的制造工艺虽很复杂,但其物流相对来说却不太复杂,因为量小。

但是汽车、家电、家居、服装等产品的成品物流,其网络布局比较重要,因为在整个物流体系里应该考虑如何去运营一套交付体系才最利于物料的流动,打通整个价值链,便于实现准时交付。这是决定智能工厂有效性的基础,否则再好的工厂规划与布局都是"浮云"。

我国的制造业物流真正发展是从 20 世纪 90 年代末开始,到现在经过了 30 年左右的时间。在这个时间段内,我们也对物流的概念进行着各式各样的定义。制造型企业对于物流的理解更多的是强调流动。要注意,制造业所依赖的流动逻辑和电商行业是不一样的:电商行业主要考虑的是,一方下单后一方送货，至于货是怎么做出来的，买方不用管；制造企业就不同了，因为有生产、采购、库存和装备，这些环节的物流能力综合起来才能决定最终的有效交付能力。

制造型企业的第一目标往往是精准生产、及时交付。但是实际在整个生产制造到交付的过程里，产品在生产线上的时间可能不到5%，还有95%的时间是处在搬运、停滞、等待库存和配送的环节。过去很多人认为只有制造环节才是增值的，那是对于以生产为中心的企业，如今就不是这种状况了。

如今不但制造环节是增值的，物流和包装也是增值的，因为这个时代以客户为中心，所以在工厂规划运营时就要更多地考虑产品的本质和可制造性、物流的本质和可流动性，以及制造的本质和实现制造的数字化、可量化、精益化。只有协同进行，才能形成有效的生产运营。

德国、美国和日本对于智能制造的定义都包含了对物流的整体考虑。所以在做智能制造规划的时候，他们会将智能物流、智能供应链、智能计划都纳入系统化的建设之中，这也是这些国家的企业制造体系建设做得很完善且难以模仿的原因。因为中国的企业已经把制造系统进行了肢解，将生产和物流分开，就有了生产部、物流部，那么这种情况下是生产部长听物流部长的，还是物流部长听信息部长的，他们与信息部长又该如何对接？这些都是问题。把流程和绩效分开就出现了不可避免的矛盾。比如，很多装配型企业把入厂物流和生产总装物流分开，供应商的货物到了之后就送到仓库，然后从仓库里配送出来。但是因为缺少详细的生产作业计划，物流的配送计划不能得到支撑，就会把物料库存放到生产线旁边的一个所谓的"线边库"里。到了管理盘点的时候，往往是物流盘点清楚了，生产部门却不清楚，整个数据的可追溯性比较差。

这类企业在做智能化建设的时候也很"粗暴"，往往是在仓库处建设立体库，然后把货物送到暂存区，再派人把货物通过 AGV 运送上去。这种情况下，AGV 只是解决了搬运问题，并不是实现了智能化。因为与智能物流体系、智能物流和智能生产没有关联，这就不是真正的智能工厂规划，而是在做局部规划，强调可见的局部现场改动，而实际上整个流程的逻辑和计划没有打通。企业看到有多少库存就建多大的立体库，建了这样的"智能工厂"之后反而容易产生新的断点和效率损失，因为运行不起来，整个资产流动性会陷入非常糟糕的境地。

因此，应该关注价值链，从这个角度来进行整体规划。企业探讨规划方案的时候应该考虑是否符合价值链。智能物流体系中信息与物理系统之间是通过数字化来运营的，不在乎距离，而人工搬运就要考虑距离，因为有工人劳动量的问题。所以在做智能工厂规划的时候，我们会建议智能工厂物流中心化。

那么，物流中心化是什么意思呢？比如，你在京东买了一件衣服，然后等着送货上门，那这个产品什么时候生产、什么时候送出、通过谁送出、在输送环节和在制造商生产出货环节分别用了多少时间、厂商是否知道这个订单是交付给谁等，其实都是物流的问题。如果实现了智能工厂物流中心化，那么消费者一旦下单，京东平台立刻就会关联到厂商，安排厂商根据订单进行生产、出货，商品再通过相关快递或物流送到消费者手上，这从头至尾是一个全价值链打通的过程。当然制造商也正在考虑发展自己的垂直电商平台，如海尔、美的、吉利、一汽大众等都在建设互联工厂，也是为了实现智能工厂物流中心化，这样可以完成自有产品的整个采购、下单、生产制造、成品运输和交付流程。

一个真正的智能化工厂是能够进行自组织、自协调、自协同的，可以实现人机料法环全面互联互通及系统自动反馈。如果物流出了问题，工厂的交付能力肯定也会受影响，那么这个工业互联网建设也是失败的。智能工厂规划包含信息逻辑关系的梳理、企业战略思维的转型、产品通路模式的创新、制造过程数据逻辑关系的理顺。

进行智能工厂物流规划实际涉及供应商、客户、产品管理、产品生命周期等方面，需要考虑业务流程、KPI指标、基础设施运维管理等问题（图2）。如果只是把智能物流等同于基础设施和管理，就会错误理解智能工厂物流供应链的内涵，而在这样的基础上建设工业互联网，再去进行数据化，就会一直跑偏。

趋势与解读

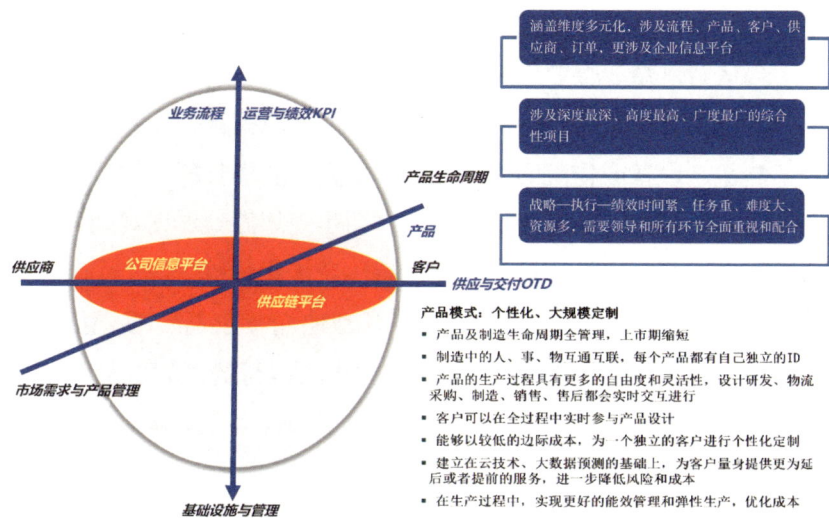

图 2　智能工厂物流供应链的维度和基本要素

2　理顺逻辑：智能工厂物流的逻辑

企业准备做智能工厂规划时需要有全局的物流供应链战略。首先要考虑的问题就是目标和定位；其次是该找什么团队来做这件事；最后是判别规划是否合理，以及该如何进行具体的规划和执行。

很多企业会盲目地寻找物流设备集成商做智能工厂规划，而物流设备集成商一般很难全面分析企业的系统需求，也不会考虑企业各方面的压力，因此很难提出前瞻性的系统建设方案。

真正能帮助企业进行智能工厂规划的必定是了解整个工厂运营体系、企业未来发展战略、智能制造技术和物流供应链系统的专业团队。他们可以先为企业诊断把脉，与企业中负责制造、设备或物流的团队协同，结合企业中长期的物流发展战略，进行具体的概念设计，再从初步规划做到详细规划，进而为企业管理层做培训和管理运营体系优化。

为什么要做逻辑分析呢？从战略角度上看，要先把智能工厂的逻辑、智能物流的逻辑、智能运行的逻辑、交互的逻辑梳理清楚，才能判断这件事情该不该做、这个技术需不需要。很多人会展示复杂的智能工厂模型架构，其中包含了各式各样的技术，而实际上是否需要这些技术要根据企业的整体战略方向来判断。

回到智能工厂规划。企业的产品战略不同，其对智能工厂的定位和规划方向也不同（图3），例如汽车行业，有些企业的定位偏向豪华车（如奥迪、奔驰、宝马），有些偏向经济型轿车（如日系车，中国的比亚迪、吉列、长城等）。企业对产品的成本定位、对服务和功能的差异化定位、对所实现的经济规模目标定位都会不一样，这些都会影响企业对智能工厂的战略定位。家电行业也是如此，如美的强调消费者体验、格力强调质量、海尔强调服务，所以这些企业的竞争模式与策略也为它们的智能工厂定位赋予了相应的要求。企业追求的智能工厂定位不同，其物流规划就会有很大差异。

趋势与解读

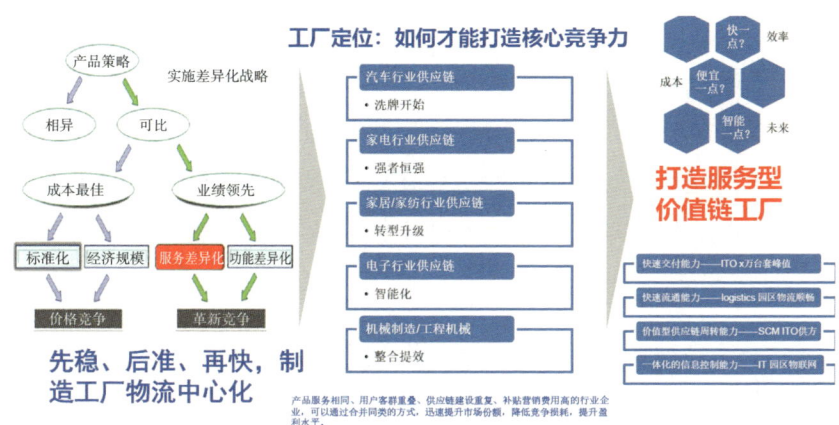

图3　产品策略决定制造物流供应链类型

所以，当企业真正准备建设智能工厂的时候可以参考三个阶段性目标：先稳，要先保证能稳定运营；后准，保障业务上能准时交付；再快，提升效率和提供条件助力企业快速运营。按照这个要求来落实，就能实现工厂物流中心化。

但是对于不同行业来说，真正实行起来往往不太一样（图4）。像乳品、化工、能源和建材行业相对容易标准化，建议整个升级建设工作采用先行先试的策略；电子电气、家电、重工行业，因为涉及自制件、前置工序、人机料法环等，整个过程对工艺要求高且断点多，就需要进行系统性的规划；而家具、农业和服装行业，由于上端涉及终端消费者，个性化要求高、标准化难度大，所以可以借鉴典型应用案例。

不论是哪个行业，进行智能工厂物流规划时都要把运营管理和物理规划两者协同，保证将运营管理所需要考虑的因素都规划进去，同时也保证所规划的东西都是真实的、必要的、可运营的。只是做工厂建设规划和真正运营管理工厂的经常不是一批人，容易导致中间断层，使得规划建成后造成新的浪费。

升级分类	典型行业	特点	典型企业与技术应用
A集合 先行先试	• 乳品（食品）、化工、能源、电力、冶金、铸锻造、水泥、建材 • 军工、轨道交通……	• 管道、安全、非人力原则 • 流程型偏多、连续无断点、容易标准化	• 伊利乳业、高铁等 • 传感、3D打印、智能控制
B集合 系统规划	• 汽车、家电、电子电气、重工、装备、仪表 • 物流设施	• 自制件、前置工序、装配、人机料法环 • 离散型偏多、工艺要求高、断点多、在制品多	• 宝马、奥迪、大众、美的、海尔、三一 • 供应商管理、物流标准化推广
C集合 亦步亦趋	• 家居、服装 • 农业	• 个性化要求高、面向终端消费者、季节性强 • 基础薄弱、规模不大、标准化难度大	• 顾家家居、芝华士、红领西服、河南众品、菜篮子工程 • 以点带面、逐步优化、物联网、可追溯性、RFID

图 4　智能工厂物流供应链迭代升级案例探索与表现

要做好规划有几个重要原则需要把握：一是系统化；二是分步实施；三是不后悔；四是流动性；五是有效化和合理化。把握这五个原则，基于企业战略要求分析产品特征、工艺流程、物流要求等要素，进而获得这些层面相关定义参数，依照参数即可设计出整个智能工厂物流方案（图5）。参数定义的准确与否、合理与否直接决定了所建设的信息系统和无线互联网的有效性。事实上，工业互联网建设本身没有问题，只是如果所依赖的参数不行，导致规划出来的工业互联网也没有效用。

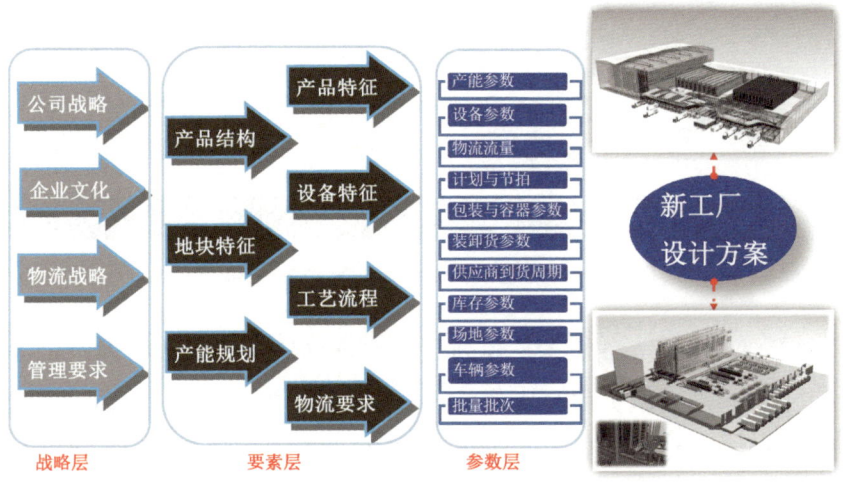

图5　智能工厂物流的规划设计思路

智能工厂规划主要围绕五条主线推进：产品线、基建线、物流线、信息线和设施线。这几个方面综合考虑之后，才能进行系统化设计。要设计出可以运营的智能工厂就要有这些要素输入，再使用相关工具进行需求梳理、规划和方案验证，最后进行具体输出，才能保证运营可落地（图6）。

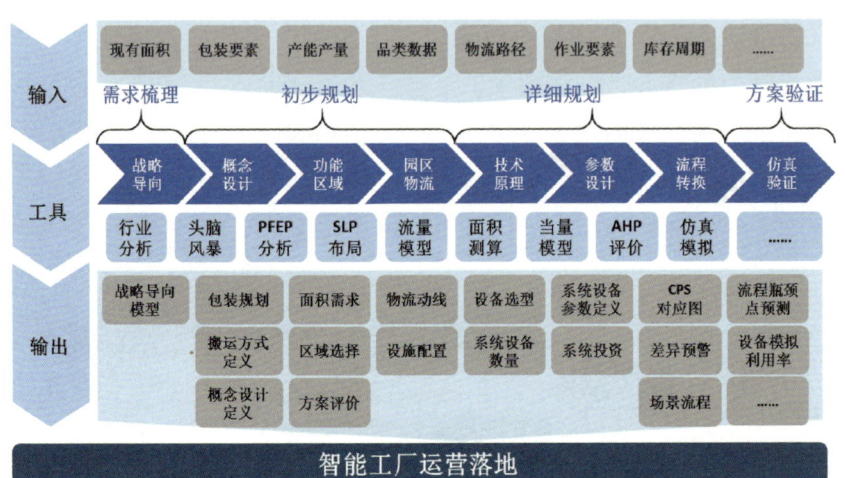

图6 智能工厂物流供应链规划要素

当进行整个体系规划时,需要将信息逻辑和物理逻辑协同起来,但实际上又会面临一些问题,如有的企业配了SRM、CRM、MES,但是在送货、库存到齐套、上线之前没有WMS,这部分是全靠人工的;再如,企业把所有系统都配齐了,但这些系统来自不同的解决方案提供商,整个信息无法联通,只能人工导出处理后再上传,这就造成了数据衰减、变异和延迟。因此,要找到数据容易产生差异的地方定义差异,再做预警和应急物流。

值得注意的是,在整个物流供应链过程中要注重物料的包装技术,只有采用单元化、标准化、通用化的包装才能在对每个物料进行分析后得到有效的综合管理数据,才能保证数据的可追溯性，才能保证规划和运营的基础。

以上思路主要适用于以生产为中心的企业。而有些企业如美的、海尔、华为，除了生产制造，还要直面门店和消费者。那么，智能工厂物流规划就是将全价值链拉通，需要将模型延展到大供应链系统，它包括了商业模式、研发管理等。这些内容综合起来是一个完整的互联工厂概念，而智能工厂只是其中一部分。例如，海尔的工业互联网平台强调的首先是互联工厂，然后才是数字化和智能化工厂。这种环境下，消费者可以通过互联网平台找到品牌商，品牌商通过跨企业平台找到生产方、采购商、制造公司，再找到物流公司。这就是通过互联网和BMT（案例企业）一体化信息平台，实现供应链各合作伙伴和环节的系统集成，建立了畅通的、实时的信息沟通渠道。这个过程是一个大数据协同的过程，物流数据、产品数据、实物数据变为未来智能工厂的供应链部分。再进一步，将消费者的个性化需求和体验感需求都融入这个网络体系，就可以打造爆款，实现整个供应链智能化（图7）。

在这样一个体系中，客户资源和数据资源是至关重要的，当然还有技术资源。客户资源有可能来自门店，也可能来自垂直平台或零售商。要发掘定制客户一般是品牌商通过分析消费者画像建立企业的智能预测并形成数据资源。数据资源是顶层资源，然后再做平台建设。

当然产品资源和技术资源也是实现体系化运营的重要保

障。定义产品资源之后，产品策略就要发送给工厂，然后进行材料供应、智能采购、智能生产、智能产品、智能交付等。技术资源如智能立体库、人工智能、RFID、AGV 等，目前已是智能供应链不可或缺的部分。

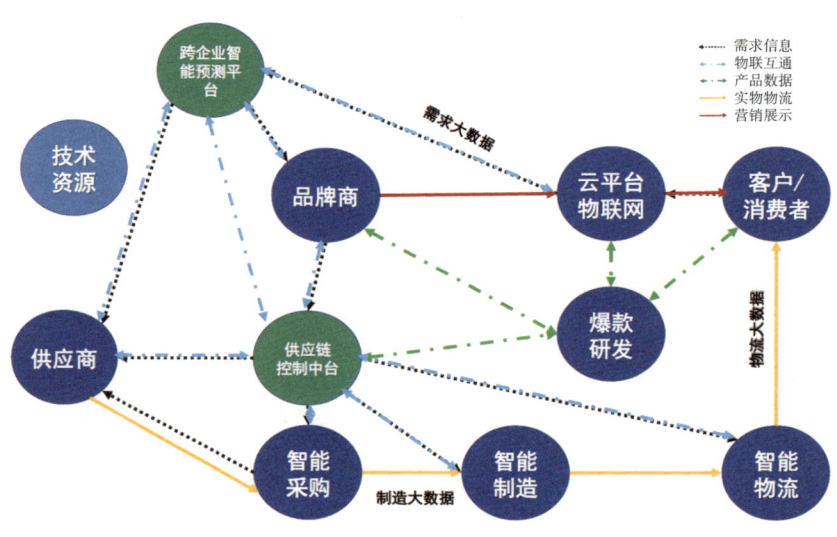

图 7　爆款与智能供应链基本逻辑

3　寻找痛点：智能工厂物流的痛点和改善

很多企业在进行智能工厂物流规划时，往往没有摆脱从前的知识框架，容易出现图 8 的七个问题。

所以在规划或建设智能工厂物流的时候，企业一定要遵从专业度、坚持度和支持度的原则，要形成与时俱进的评审机制

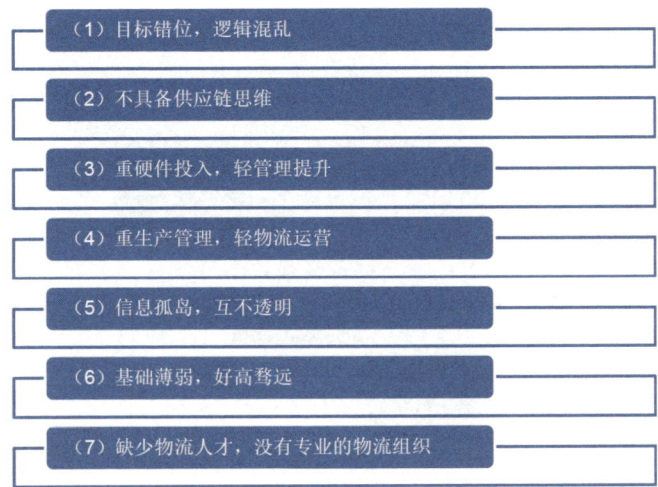

图 8　智能工厂物流的常见痛点

和知识结构,要建设一批适应企业战略发展的人才和适应企业新形态的管理团队。千万不能让现实限制了想象力,让经验影响了发展力。

对于绝大多数中国企业而言,物流规划过程中通常表现为四个发展阶段:第一,"地摊"模式;第二,精益物流;第三,供应链思维;第四,智能化策略(图9)。

事实上,第三阶段供应链思维的成本越低,可能效果越好,但是这个阶段成本越低也会导致后面思维越难以突破。

如果在规划的时候没有精准计算过流量,忽略了计划的经常性变更,会导致后面所建成的智能工厂在面临实际状况

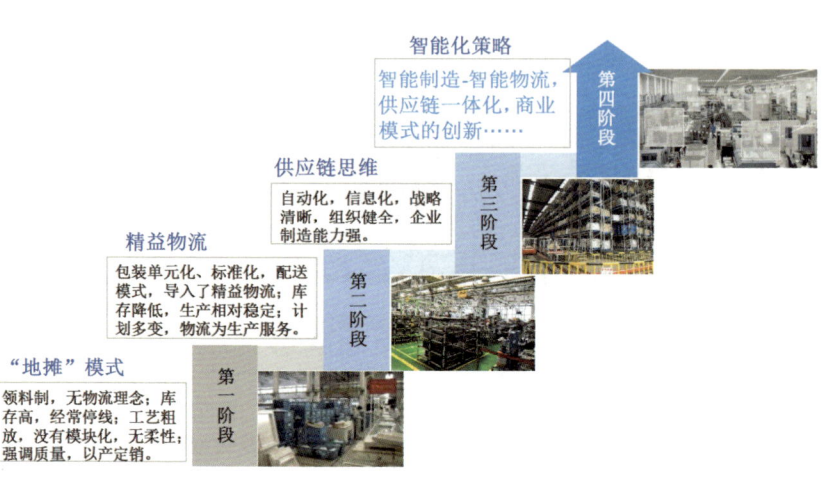

图9 智能工厂物流规划四个阶段

时无所适从。因此,在做规划的时候应该把项目管理、工艺研究、设备集成商介入、安装与调试、运营管理、信息集成与仿真都考虑进去(图10)。

图11所示的几个从战略到执行的智能物流人才必问的问题,放在企业层面也同样奏效,提前关注和思考可以帮助企业理清思路,避免落入这些陷阱,比如现状是什么样子、目标和初心是什么、拥有什么样的环境和条件,以及你的实力和局限。

很多时候企业并没有充分思考过这些问题就直接进行工厂物流规划并运营,所以会看到有的企业采用了先进技术,但是没有解决物流问题。

图 10　智能工厂物流落地时的关键要素

从战略到执行——智能物流人才的职业生涯规划和培养（经验与专业的区别）

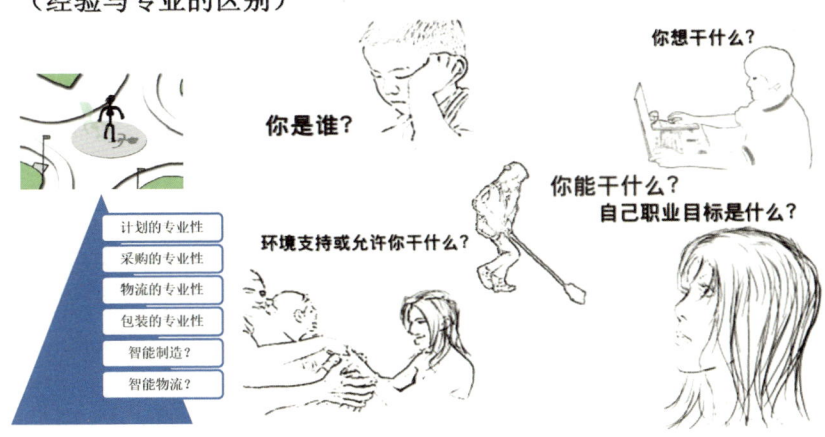

图 11　避免智能物流规划陷入误区的经典提问

4 升级路径

诚然,并不是只有大企业或水平高的企业才可以规划智能工厂或智能物流。大部分企业都要先解决基础建设问题,把物流计划和劳动生产协同平衡起来之后进行信息化和工业互联网建设,然后进行智能工厂或智能物流规划才会水到渠成。

在做智能工厂物流运营时,实际上是将从生产线到车间到智能工厂的生产供应链进行迭代升级了,这其中必定会涉及价值链打通,即KPI指标、人才、物流技术如何一一打通的问题,这是必经之路,但不是最终目的。

在升级过程中,要着力减少效率损失,提高运营效率,最终要创造能引领市场或应对市场需求的产品,形成可以获得应有利润的生产经营模式,这样的智能制造才是有意义的。智能物流、智能制造是一个体系,难点在于数据模式变革、多项技术融合、供应链计划协同、综合人才和供应商综合能力的配套上。

总而言之,"雄关漫道真如铁,而今迈步从头越"。如今,各个国家都在智能制造领域进行着激烈的竞争,"中国制造2025"的道路还很长,要更加主动进取,通过构建智能制造和智能物流,在产品创新、技术创新和模式创新上赢得先机,才能够让我们的制造业占据高位。

在专业上探索,在场景上建设,在细节上完善,让智能工厂物流运营与规划更上一个台阶,让更多企业在数字化、智能化的道路上加快前行!

助力者：腾讯工业互联网助力企业全面数字化

李向前
腾讯工业云总经理
深圳市工业互联网行业协会会长
广东省工业互联网联盟副理事长

1 腾讯全面拥抱工业互联网

1.1 腾讯工业互联网的定位

图 1 把腾讯产业互联网和工业互联网的定位做了全面的梳理，腾讯的工业互联网实际上是传统产业与新兴产业之间的连接器，腾讯在整个产业互联网中要提供三个能力：连接器的能力、工具的能力和生态的能力。

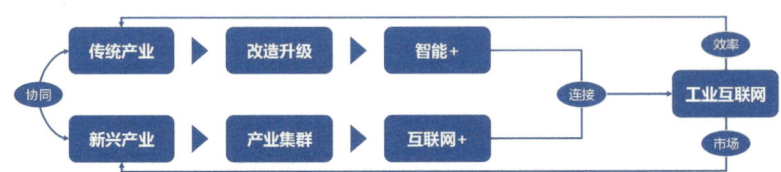

图 1 工业互联网连接传统企业与新兴产业

2019年政府的报告已经明确指出要促进新旧动能持续转换,一方面要求传统产业改造升级,实现"智能+";另一方面希望新兴产业加快发展,培育新的产业集群,这是国家层面的战略规划。从这两个方面来看,传统产业是沿着改造升级的路径,最高的目标是实现"智能+"。对于新兴产业来说,更多的是借助云、大、物、移、智等高科技能力形成新的产业集群。通过工业互联网的连接器作用把两个产业连接在一起。对于传统产业来说,更多关注的是提高效率,基于工业互联网平台实现产业链上下游的协同,实现办公的协同、设计的协同和生产过程的协同;对于新兴产业来说,更多的是出现新兴的市场,把互联网的能力和更多的实体产业深度结合,做到双方互为支持以提高效率,最终实现"1+1>2"的效果,这就是腾讯工业互联网在整个工业互联网产业里面的定位。

1.2 腾讯的模式

如图2所示,互联网发展早期是C2C或者B2C。直到

2015年左右国家提出各行各业要实现"互联网+",于是出现平台型服务,类似美团、滴滴等平台,提供了B2B2C的连接服务。2020年初,国家提出七大新型的数字化基础建设,实际上是建立一种互联网连接产业的能力,做到C2B2B2C全流程、全要素、全价值链的连接,连接的两端都是用户,通过平台、企业实现连接,这是工业互联网领域一种新的商业模式,在C2B、C2M等领域有一些创新落地,类似海尔推出的个性化定制或规模化定制类型的平台。

图2 互联网发展模式

1.3 腾讯的手段

从手段上来看,腾讯是一家互联网公司,一直在思考如何把技术手段融入实体经济,腾讯认为有三个方向是可以和实体经济做深度融合的(图3)。

第一是连接的能力。无论是通过互联网,还是物联网、5G、区块链,其目的都是把数字的世界和现实的世界实现连接，也就是实现网络化。

第二是实现交互。借助 VR、AR 及数字孪生技术，实现对物理实体生产过程和生产设备的远程精准控制，是数字世界和现实世界的互动，实现融合。

第三，连接和交互都需要有基础设施的支撑，也就是计算。利用人工智能技术、大数据技术计算的能力，实现数字化和智能化的融合。只有把三者融会贯通才能把更多的工业互联网技术开放给千千万万的工业企业，尤其是中小企业。我国国民经济的 85% 以上都是中小企业实现的，它们贡献了 50% 以上的税收，如何在这个过程中对中小企业起到助手与支撑的作用，是工业互联网服务商一直追求的目标。

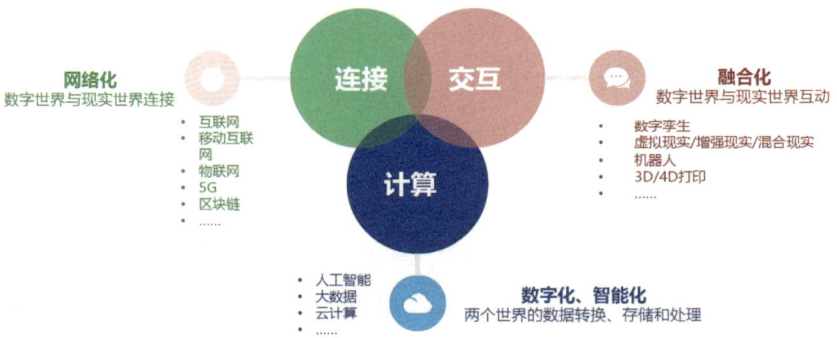

图 3　手段：工业互联网是信息技术的综合应用

1.4 腾讯开放 C2B 能力的三个方式

腾讯在开放 C2B 能力的过程中，从三个方面实现对外的能力输出：

第一是产品的能力。腾讯云支撑了 11.5 亿微信的活跃用户，也支撑了接近 7 亿 QQ 的用户，还支撑了腾讯视频、腾讯音乐等业务，腾讯云在产品层面沉淀了大量的产品能力。

第二是技术的能力。腾讯支付支撑了 14 亿红包的发放，在每年大年三十这种场景都会重现，没有强大的技术力量，是无法支撑这类业务场景的。腾讯云也支撑了每天大量的用户直播，腾讯课堂、腾讯云大学、腾讯看点、腾讯会议、企业微信等都支持在线直播，底层的技术都是来自云的基础能力。

第三是生态的能力。在工业领域将配合公司的千帆计划，陆续推出工业 APP 的合作伙伴招募计划，希望更多合作伙伴一起加入工业互联网生态共建中来，一起受益。

1.5 腾讯云的基础设施提供的产品和应用

首先在产品方面，腾讯云提供底层的 IaaS 和 PaaS 的基础设施，已经积累了 200 多款产品，这些产品随时都可以在腾讯云官网按需使用。对于企业客户来说，更希望提供"开箱即用"的服务，所以腾讯云联合各行各业的 ISV 合作伙伴，如图 4 中列出的七大行业，打造了 90 多款行业解决方案，如广东省推出的"粤省事"和云南省的"文旅"。在新冠肺炎疫情期间,大家感受较深的就是腾讯企业微信、腾讯会议,腾讯课堂在教育领域里面提供了更多的服务,同时在企业端提供了WeMake复工小程序、抗疫救助小程序、腾讯会议等。腾讯希望借助腾讯工业互联网公共服务平台,一方面帮助企业应对疫情期间在数字化能力方面的不足,另一方面希望打造更多有价值的企业服务。

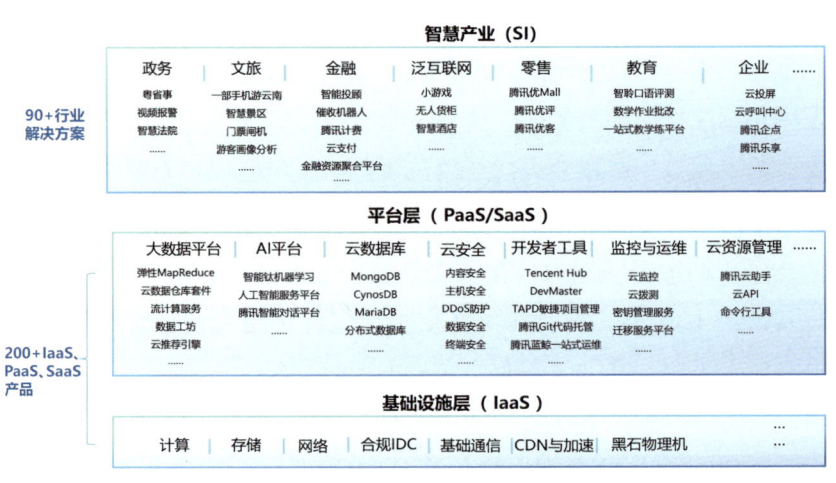

图4 产品:腾讯云完善的基础设施提供

1.6 腾讯的技术

腾讯有两大核心的技术(图5)。第一个是人工智能,腾讯共有四大人工智能实验室,其中优图实验室聚焦在图像识别,在工业领域应用在基于视觉做缺陷检测,如航空辅材的质

趋势与解读

四大人工智能实验室：打造全栈式 AI 能力

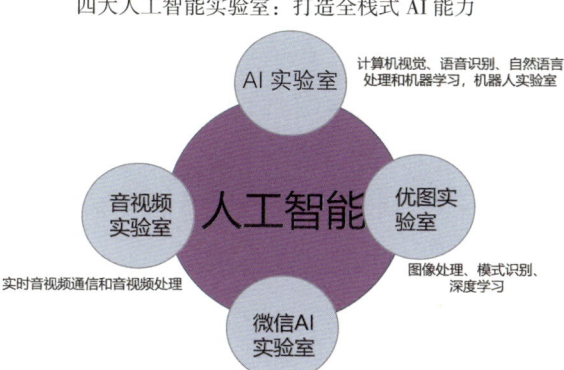

七大安全实验室：覆盖"云管端"的智慧安全体系

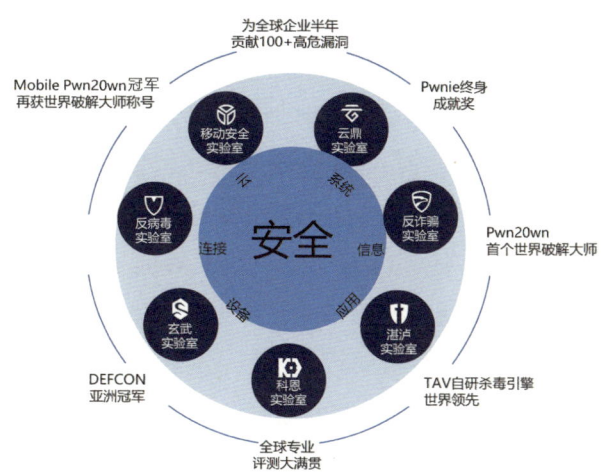

图 5　技术：开放人工智能和安全领域核心技术能力，助力产业升级

量检测等；AI实验室提供语音识别及自然语言的处理等；音视频实验室在安防及新兴的人脸识别方面研究比较深入。第二个是安全，腾讯七大安全实验室保障业务稳定地、平滑地演进。在产业互联网、工业互联网的推广阶段，腾讯希望把这些能力开放给更多的企业客户，从自身高强度的研发投入中沉淀、输出更多的普惠的高科技，保障在云端全方位的智能安全体系，赋能中小企业。

1.7 腾讯生态

在生态方面，腾讯已经陆续联合了2 000多家工业的、科技的生态合作伙伴，联合打造产品和解决方案。伙伴方面采用三轮驱动的方法来推进：一是资本层面的合作，腾讯陆续投资了800多家生态合作伙伴，在数据、人工智能及物联网等各个方面做全面深度的融合；二是业务联动，腾讯已经和北明、东华、华制智能、震坤行等企业建立合作伙伴关系，在业务上联动起来，实现产品和解决方案的深度融合；三是生态方面，腾讯已经陆续在长沙、沈阳、贵阳等地落地了腾讯云启创新基地，同时陆续在烟台、德州、张家港、西安等地建设了工业云基地，实现和工业企业就近连接、就近服务，共建腾讯工业互联网产业生态。

1.8 典型客户

腾讯推进工业互联网的过程中,在整个生产环节,不断地做创新的尝试。在研发设计端,考虑更多的是如何帮助企业做研发和设计的数字化,在流程方面、质检方面、供应链方面全面提升数字化水平。值得提及的是两个国家双跨工业互联网平台,一个是富士康的工业互联网平台,另一个是树根互联的根云工业互联网平台。两个区域工业互联网平台也已经投产了,包括宁波的工业互联网平台Tengnat和烟台的工业互联网平台,其中宁波工业互联网平台已经服务于近8 000家中小企业,提供全要素、全流程、全价值链的企业服务,帮助中小企业提升数字化水平,覆盖研发设计、生产制造、物流管理、客户服务等重要环节。

2 腾讯工业互联网公共服务平台

2.1 人之间连接、企业之间连接、设备之间连接

腾讯打造工业互联网平台时,面向制造业产业链提供了公共服务平台(图6),服务于中小企业。搭建这样的公共服务平台目的是打造全面连接能力。第一是实现人跟人之间的连接,利用腾讯新闻、小程序、微信、腾讯乐享等实现人跟人之间的连接。第二是实现企业之间的连接,推出协同制造平台,在疫情期间可以变成抗疫物资互助的平台,在上面可以发布需

求、承接需求，也可以在平台上采购医疗物资，并将物资捐赠给武汉及湖北其他地市的医院，将医疗物资第一时间以最直接的通道送到一线的医院。第三是设备之间的连接，设备连接的第一阶段主要是实现设备上云，第二阶段是围绕设备的资产数据、状态数据、运行数据等进行数据分析，推出了类似设备银行、预测性维修和金融保险等方面的服务。

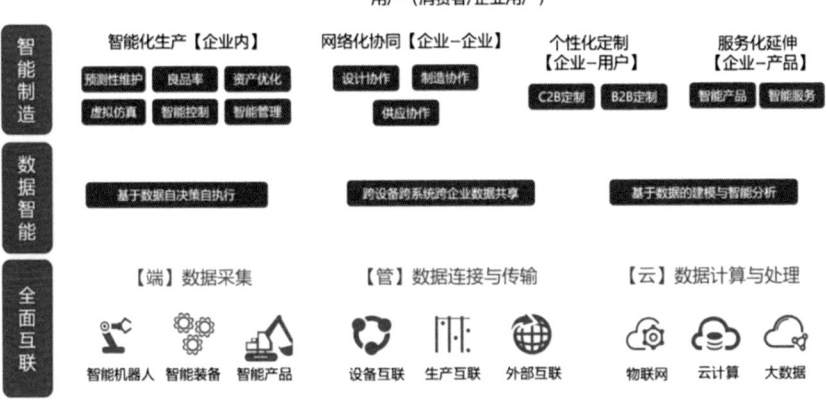

图6　腾讯工业互联网公共服务平台

如何实现全面互联呢？在企业内部涉及端、管、云能力的构建，第一是数据的采集，实现生产线上的机床、设备、机器人等的连接；第二是实现设备的连接、生产的互联及外部的互联，涉及供应链、物联网，也涉及协同制造平台的构建；第三是真正借助一套云的基础设施，实现资源共享、弹性伸缩、计算能力共享等，这需要借助云计算基础设施来实现支撑。只有建立了这样企业级的互联，积累了一定数据以后，才能挖掘数据的价值，实现数据的智能，基于数据做决策，实现基于跨设备、跨系统的数据共享、互联互通。

整个智能制造要实现产业的互联、智能化的生产，这个过程涉及的领域比较多，比如虚拟的仿真、智能的控制、良品率提升等，都是在智能化生产过程中用到的。网络化协同是指在产业链上下游及工厂跨厂区之间设计、制造、工艺的协同。消费者市场出现了更多的个性化、规模化定制的需求，工厂需要具备 C2B 及 B2B 的定制，如智布互联打造纺织行业的个性化定制、唯尚家居在家具行业实现家具的定制平台、模德宝基于消费类电子产品规模化的定制。相信在未来的三四年中，会有更多的个性化定制平台涌现，支撑消费者的个性化需求。由此延伸到产业互联网最高的阶段，实现服务化的延伸，即制造业不再像原先纯粹卖设备或产品，而是围绕产品打造智能化的服务，包括设备保险服务，以及互动的、互联的服务，这是产品服务的泛化和延伸，最终平台好不好用及工业互联网平台有没有价值，一定是消费者说了算，只有真正有价值的平台才是具备生命力、可持续运营的。

2.2 腾讯工业互联网平台总体中台架构

如图 7 所示，腾讯在打造工业互联网平台时，总体遵循了公司的中台架构设计思路。底层是包含专有云、公有云的技术中台，涉及物联网、IaaS、PaaS 和微信应用等。工业互联网平台除了依赖底层的技术以外，运营也非常重要，第二层是运营中台，运营中台包含门户、租户、计费、运营商管理等，运营中台实现了线上和线下的融合贯通和互联互动。

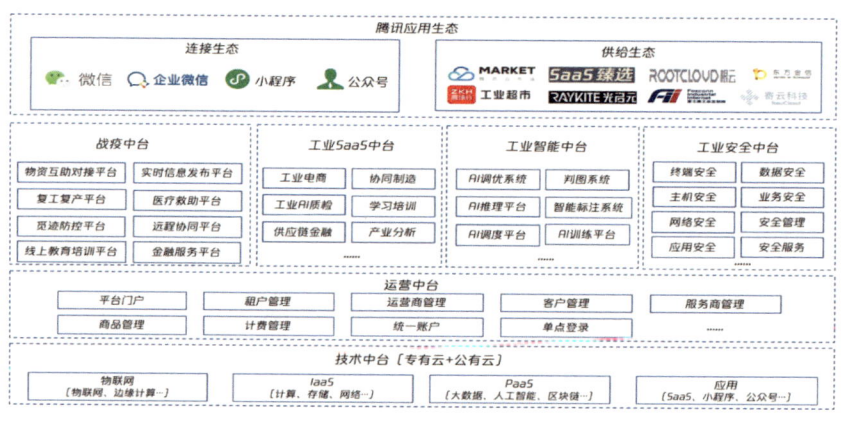

图 7　腾讯工业互联网平台总体中台架构

在运营中台之上，打造了四个核心的应用中台能力：一是战疫中台，包括物资互助对接平台、实时信息发布平台、医疗救助平台、复工复产平台、线上教育培训平台等。二是工业 SaaS 中台，SaaS 中台里的服务有些是腾讯自己打造的，有些是联合合作伙伴打造的，其中协同制造平台在新冠肺炎疫情期间做了一次大变身，变成一个服务于医疗物资互助互捐的平台，在深圳宝安区博士联谊会的大力支持下，这个平台已经累计把几万个口罩和几万套防护服捐赠到湖北的医院。工业SaaS中台还包括学习培训、工业AI质检以及供应链金融等服务。三是工业智能中台,包含AI调优系统、判图系统、AI推理平台等,支撑基于数据智能的降本增效,应用于工艺优化、良品率提升和供应链优化等生产环节。四是工业安全中台,包含终端安全、数据安全、主机安全、业务安全等,全方位开放了腾讯安全服务体系,为大中小企业的业务发展保驾护航。

在应用生态方面,腾讯目标是打造两个生态:一个是连接生态,用户可以通过更加便捷的方式接入,如微信、小程序、企业微信、公众号等,可以最便捷地使用工业互联网平台的工业服务;另一个是解决方案供给侧生态,为此腾讯发起千帆计划,计划在三年内发展1 000家工业APP合作伙伴,为了服务好千帆计划的合作伙伴,腾讯正在打造PaaS层支撑能力,会陆续推出低代码平台、敏捷开发云、数据中台和机理模型平台,希望更多的合作伙伴加入工业互联网生态。

复工复产小程序发挥了连接作用,实现了政府、企业和员工之间的连接。疫情期间,很多企业已经陆续复工,为了保障防疫工作更加有效、精准,面向政府端,平台提供政策发布、复工审批、智能热线等服务;面向企业,平台提供复工申请、每日上报、物资管理、在线会议等解决方案;面向员工,提供实时信息获取、每日上报、知识培训、在线协同、互帮互助等服务。复工复产平台总体上采用"1 + N + M"的架构,基于

转型：智能制造的新基建时代

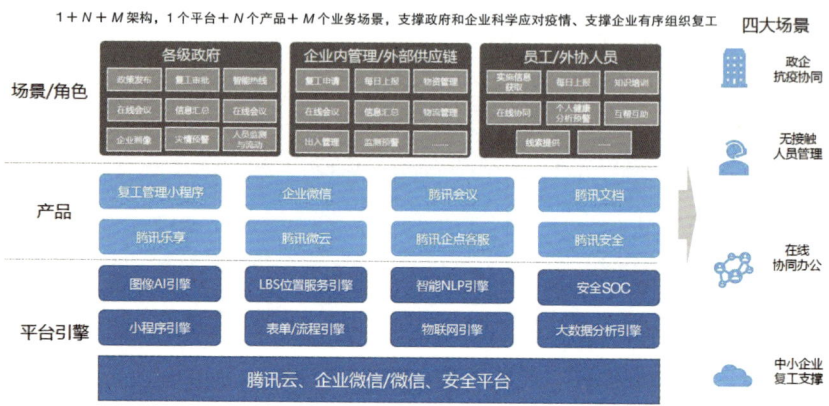

图8 复工复产平台

腾讯云的基础设施搭建。复工复产平台包括复工管理小程序、企业微信、腾讯会议、腾讯文档、腾讯乐享、腾讯微云等产品，深圳宝安区、青海省都是利用复工管理小程序实现了复工申报管理，珠海香洲区利用腾讯乐享面向企业开展慧企服务。

企业复工复产可以通过企业微信、小程序的入口实现申报，可以登录小程序里面申报员工状态、生产状态以及防疫物资的需求等。在防疫排查过程中，可以通过问卷形式快速实现交互和信息的获取。复工复产过程中，很多企业、办公大楼都提出了无接触的出入管理需求，为此腾讯开发了相应的解决方案：首先是内部人员的实名登记，在入口添加人脸识别，开发基于微信的自助实名登记；其次还提供了无接触体温检测以及异常情况的实时报警，报警条件会基于人的过去出行信息、是否存在体温异常、是否去过疫区等。

在疫情期间,为了支撑跨企业之间的合作,腾讯开放了在线合同管理服务,实现基于腾讯会议、各种协同办公工具的云上签约,这个签约是有效的,也有法律保障。首先,底层基于区块链技术,防止数据被篡改;其次,平台联合了司法机构和仲裁机构;最后,签署是实名有效的,跟线下签署一样是完全具备法律效力的,也支持各种接入方式,不管是平板、手机和网页等,都可以借助这种电子在线的电子合同实现远程的合同签署,不仅满足《中华人民共和国合同法》,也满足《中华人民共和国电子签名法》的要求。

复工复产平台具备协同制造功能,交易资源一方面是工业服务能力,包括设计、仿真、实验、生成加工、采购等;另一方面是工业资源,包括厂房、产线、产品、机器等。如何实现本地企业之间的协同以及跨地域之间的协同是打造平台的初衷,服务层打造了三大中心,包括交易租赁中心、服务中心、运营中心。

复工复产平台提供了觅迹防控管理。基于电信大数据和个人申报数据等可以分析社区、公交、港口各个方面出行的路径,用户可以快捷地查询、申报自己的出行路径,帮助防疫人员第一时间布控,保障全民的安全。觅迹防控平台是腾讯在疫情期间紧急联合合作伙伴开发的平台,已经在多地陆续上线。

转型：智能制造的新基建时代

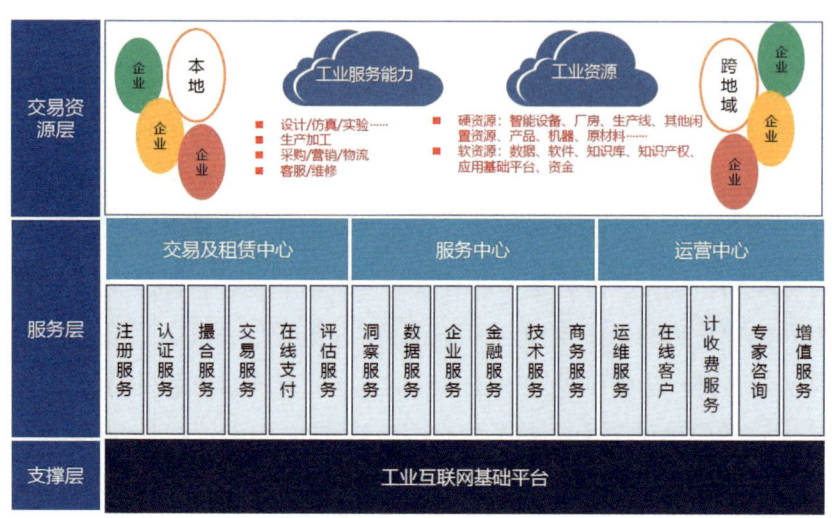

图 9　物资互助平台

复工复产平台提供了协同办公管理。很多用户在疫情期间都用到了腾讯会议、腾讯文档，腾讯乐享等工具实现远程办公协同，疫情期间这些服务都是免费的，希望这些产品可以帮助大家，可以用最小的成本开展生产、管理和运营。

复工复产平台提供了线上教育培训。线上教育培训一方面支撑线上直播，包括今天的公益广播；另一方面是线上培训。很多企业与学校之间存在"代沟"，企业觉得学校培养的学生不可用。腾讯联合合作伙伴打造了在线培训教育平台，提供了线上培训系统，可以为企业提供覆盖培训、考试、测评、认证等端到端的服务支撑（图10）。平台运用了很多最新的技术，比如 VR、AR 技术。线上培训系统主要从以下环节进行培训：第一，运用 VR 进行问卷评测、HR 辅导；第二，利用 AR 实现交互式的学习、课堂答疑；第三与第四，是为员工提供实践训练，即借助 3D 仿真、VR 仿真进行身临其境的维修、学习、实训，实操课程更多的是理论与实践相结合，让参与者不仅学到了知识，还得到了操作上的实践。这个平台特别做了人性化和实战性的针对性设计，线下提供 20% 的能力，线上提供 80% 的能力，以最小的代价提高员工的技能。其中考虑到员工的技能会逐渐提升，专门设计了四个等级，同时借助学习排名，让绩效、升职与学习排名挂钩，形成员工争相学习的学习氛围，提供覆盖辅导、培训、实操、考试端到端的服务。

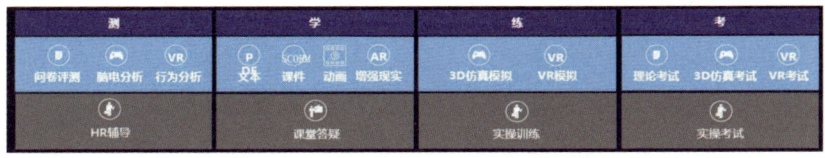

图 10　辅导、培训、实操训练、实操考试端到端服务

复工复产平台提供了中小微企业融资服务，为企业精准匹配金融产品。首先，面向金融服务机构，腾讯已经对接的一些金融服务机构，把这些机构的产品引入金融服务，比如税金贷、票据贷、银票贷等；其次，把腾讯的大数据风控能力开放给金融服务机构，提供企业画像、分级管理、防欺诈、贷后监测等风控能力，实现金融产品跟企业需求之间的精准匹配，同

时借助数据的风控能力来保障信贷的低风险和低成本。金融机构也会基于这样的能力做到快速精准的审批贷款及跟踪贷款的使用。

　　复工复产平台提供疫情相关资讯和健康防护服务。平台提供了很多疫情防控知识、医疗防护等相关信息，用户可以登录公共服务平台进行体验。

　　复工复产平台提供中小企业抗疫帮扶政策。腾讯推出了针对中小企业抗疫帮扶政策，2020年3月31日之前，腾讯免费提供云服务，免费提供3个月的云主机、数据库存储等服务，以及3个月的腾讯会议、企业微信、腾讯乐享等服务。同时，对单一企业提供50万元免费限额，可以满足中小微企业的使用需求。

3 腾讯工业云基地和区域工业互联网平台

3.1 工业云基地：基础设施＋区域工业互联网平台＋生态系统

　　腾讯在两年间已经打造了几个工业云基地（图11）。底层是基于腾讯云打造的技术基座。能力层是把工业互联网平台、基础设施、产品运营、物联网、大数据全栈AI能力、"云管端"智慧安全体系能力以及生态整合与品牌推广能力，全面开放给基地的服务伙伴和用户。服务层包含设备上云、数字工厂、工艺优化、工业超市等,这些服务都是低成本的 SaaS 服务,在一些地区免费开放给辖区的企业使用。最上层打造四个能力:第一个是平台的能力,利用一套工业互联网堆栈保障数据、税收、产业留在本地;第二个是智能制造创新中心,让企业更加快捷地了解腾讯、产业动态、工业互联网政策和成功案例;第三个是为了提升贴身化的服务,打消企业"不敢用、不会用、用不起"的疑虑,腾讯联合本地伙伴打造的运营服务中心、商务拓展中心、制造双创中心、金融服务中心和培训服务中心。第四个是希望在当地打造工业互联网生态,包括服务商、平台商、工业企业、政府等,共融共建,形成服务于当地产业的生态。

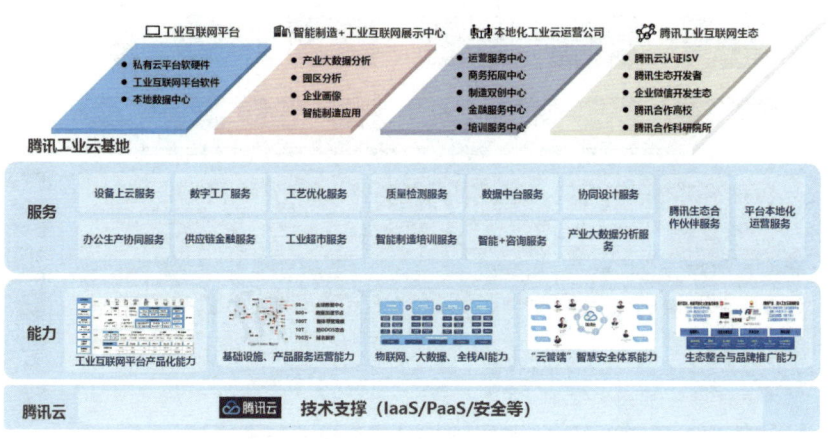

图 11　工业云基地

3.2 区域工业互联网平台支撑中小企业数字化转型

区域工业互联网平台提供的服务覆盖了设计、研发、生产、销售等环节。从图12看出,腾讯一方面开放部分基座的能力,如 PaaS 和 IaaS;另一方面,腾讯也开放一些平台化的

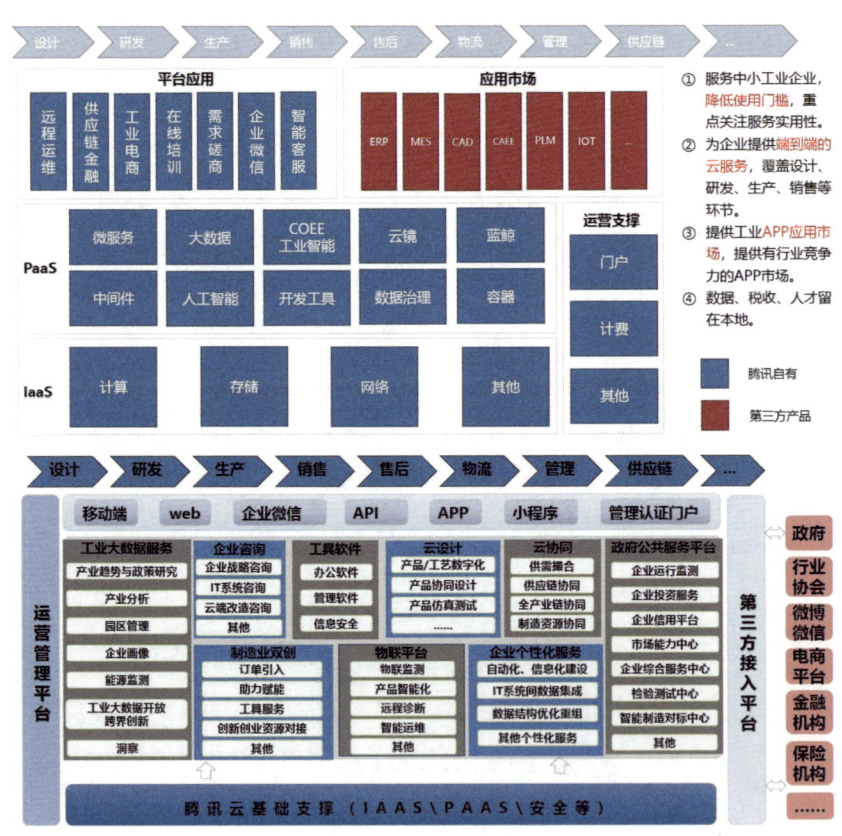

图12 平台应用架构

特色能力，如腾讯课堂、腾讯会议、在线培训系统。为了满足产业协同的需要，把企业微信、协同制造平台开放给用户，也把腾讯的智能客服、精准化营销等智能服务能力开放给企业用户。区域工业互联网还提供低代码开发工具，使中小企业借助敏捷开发工具，快速地把 ERP、MES、CAD、CAEE 等系统搬到平台上，降低了运维和使用成本，并且可以通过小程序方式便捷地接入，利用单点登录为企业提供一站式服务体验。

区域工业互联网平台提供了很多的工业 APP 服务，包括工业大数据服务、企业咨询服务、工具软件服务、云设计服务等。为了满足各地企业对政策的了解，工业互联网平台已经与政府平台、行业协会平台的打通，为企业提供一站式接入服务。

对于许多中小企业来说，设计师都是高端资源，自己没有能力承担设计师的人力成本，这时就需要发挥平台的共享优势。腾讯把协同设计的平台搬到线上，企业用户可以分时复用设计软件和设计师资源，实现设计图纸、仿真、工艺 BOM 等的协同设计。

工业互联网应用市场已经上架了九大类 100 多款工业 APP，还在持续的丰富中，多以 SaaS 形态存在，后续也将提供小程序接入方式。

关于供应链金融服务，为了降低中小企业对接金融机构的难度，腾讯作为平台方，联合合作伙伴基于区块链技术，搭建了供应链金融平台，已经对接 20 多家银行募集了 100 亿元左右的资金，能够基于应付票据实现秒付，做到核心企业信用的多级流转，帮助中小企业快速融资。

关于大数据分析服务，疫情期间供需信息不匹配的现象比较明显，工厂和医院之间信息不匹配，产业链上下游信息不匹配，为此，政府、园区、企业对产业大数据的分析需求都比较旺盛。腾讯陆续地把产业大数据分析能力、企业画像的能力开放，帮助中小企业提升营销收入。通过分析工商数据、司法数据、知识产权数据、疫情数据等，全方位地为政府、园区、企业提供这些数据的分析服务。

关于智能制造的咨询服务能力，腾讯联合许多顶级的咨询伙伴，打造了智能制造成熟度评估服务和在线培训的服务，为企业提供智能制造诊断服务。

作为智能制造成果展示窗口，腾讯"智造融合"创新展示中心陆续地在张家港、烟台、德州、宁波等地建成，面向企业用户陆续开放。

4 两个双跨工业互联网平台

4.1 根云工业互联网平台

腾讯的工业专有云支持混合云的部署方式，支撑中大型企业打造垂直行业或者跨行业跨领域工业互联网平台。如图 13

图 13 三一重工＋腾讯云战略合作

所示，蓝色的是腾讯特色的云服务，包括工业安全、数据治理、COEE、智能运维等，腾讯开放这些基础设施能力给有计划打造工业互联网平台的中大型企业。腾讯云与三一重工合作打造了根云工业互联网平台，双方发挥各自的特长，三一重工提供专业项目团队、资产管理方面的专家、行业经验和生态圈，腾讯云提供云计算技术能力、大数据、人工智能、安全隐私保护等能力，从而支撑三一重工的业务创新。目前，根云工业互联网平台已经覆盖了约 16 个行业，提出了上百个解决方案，让各行业的企业从中受益。

根云工业互联网平台至今已经连接了 50 多万台设备，支持 1 万多个传感器做实时的分析，这些传感器涉及的领域包括油温、油压、流量、倾斜角等，设备的故障预测可以提前 6.5 小时，预测的准确度可以达到 87% 以上。

4.2 富士康工业互联网平台

腾讯和富士康打造工业互联网平台过程中建立了三大连接能力（图14）。

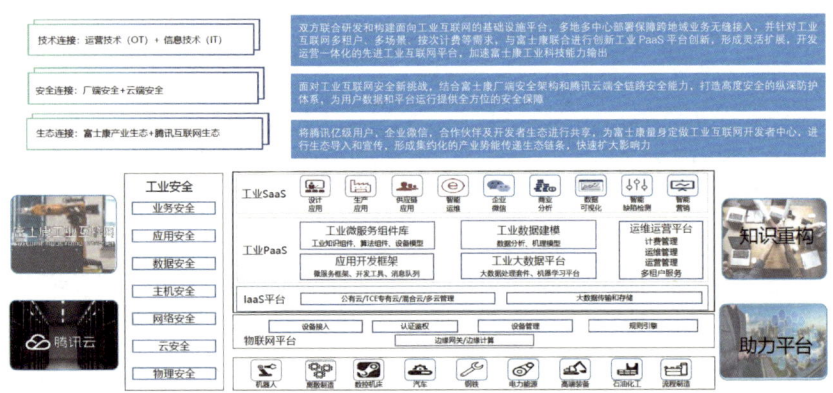

图14 富士康工业互联网

第一是技术连接，即富士康的运营技术与腾讯的信息技术的连接。双方联合研发了工业互联网平台的基础设施，底层硬件采用了富士康的服务器，云平台采用腾讯的专有云，富士康在云平台之上搭建了工业PaaS平台，富士康和腾讯在最上层面向开发者和用户构建了联合开发者生态，在技术上实现了OT和IT的深度融合。

第二是安全连接，即实现了厂端安全与云端安全的融合。厂端安全指的是借助富士康的灯塔工厂经验，利用工业安全设备保障生产过程中的安全。富士康工业互联网平台结合腾讯在云端的安全服务能力,保障数据、应用、主机网络等全方位的安全,实现云端安全。

第三是生态连接,即实现了富士康产业生态与腾讯互联网生态的连接。在疫情期间富士康正式推出云开发平台,其内核也是双方深度合作的结果。富士康工业互联网平台完全是按照工信部对工业互联网平台体系和规范的要求搭建的,在腾讯专有云的基础上,实现 OT 和 IT 知识融合和知识重构。

富士康工业互联网平台借助自身工业等级的工作站、工业等级的存储设备、工业等级网络安全设备、工业等级闸道器、工业控制 IPC 等,实现数据采集和安全。

IaaS 层是富士康和腾讯双方技术深度融合的结果,涉及 5G 技术、工业超高速网络、绿色数据中心、超高效运算中心等,从而构建出富士康工业级 PaaS 平台,支撑工业应用的开发和应用。

SaaS 层包括金融、生产智能、安全管理、环保、物流等服务,全方位赋能富士康产业上下游的中小供应商,使供应商在一个平台上做到能力的共享、数据的互联互通。

富士康工业互联网平台经过长时间的运营和推广,已经取得了很多的成效。图 15 是富士康内、外部的一些应用案例,如智能管理应用方面,从吸嘴案例可以看出,吸嘴寿命从原来 24 小时延长到 25 天,良品率从原来的 99.7% 提升到 99.96% 等(图 15)。

转型：智能制造的新基建时代

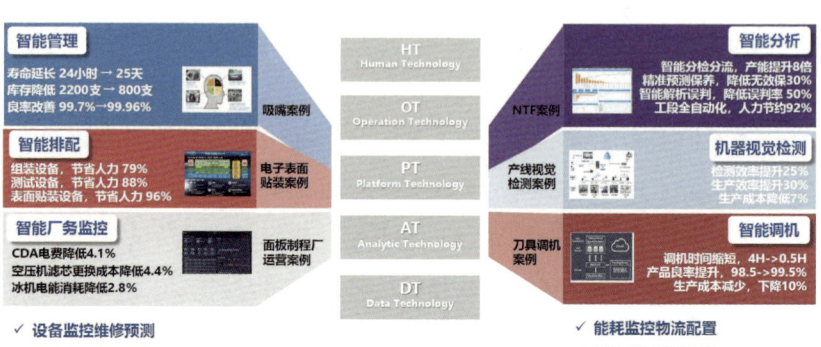

图 15　富士康工业互联网云平台、工业 AI 全方位赋能

技术与评价

智能制造规划与评价

杨 敏
上海犀浦智能系统有限公司副总经理
中德智能制造教育培训专家组专家

中国实施以智能制造为方向的制造业转型升级以来，企业反响非常积极，但同时也感到疑惑，智能制造应该怎么发展呢？

1 智能制造规划目的

1.1 智能制造的定义

智能制造是将新一代信息技术贯穿于设计、生产、管理、服务各个环节，具有信息深度自感知、智慧优化自决策、精准控制自执行等功能的先进制造过程、系统与模式的总称。图1是我国智能制造系统的标准架构。从图中可以看出，智能制造从三个维度分解：

第一个维度——产品的生命周期，涉及企业内部的工作流程，包括设计、生产、物流、销售、服务。

第二个维度——系统的层级，从最底层的设备，到单元、车间、企业，再到企业与外部的协同。

第三个维度——智能制造的特征，包括资源要素、系统之间互联互通、数据融合共享、系统集成、新兴业态。

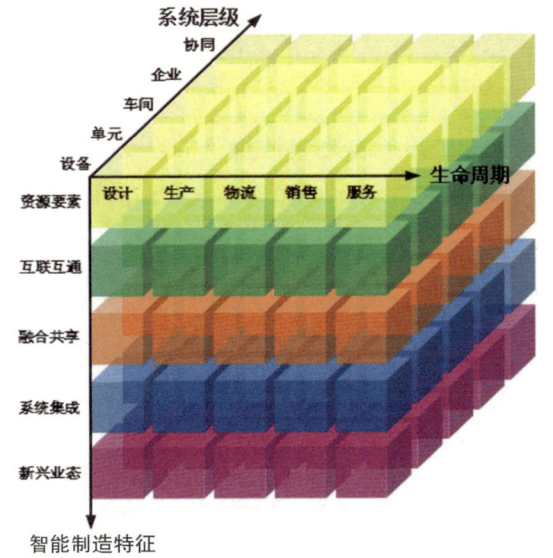

图1　中国智能制造系统标准构架

（来源：《国家智能制造标准体系建设指南（2018年版）》）

从智能制造的定义可以看出：智能制造的转型升级涉及企业的方方面面，不只是简单地针对某一件事情，或者一个系统，或者是一个部门，或者是一个环节，而是一个系统性的工程；智能制造涉及的技术比较复杂，例如人工智能、大数据等前沿科技，因此系统间的集成、数据的整合也非常重要。

1.2 为什么要进行规划

通过对智能制造定义的分析及前期对企业的调研，可以总结出整体规划的必要性：

第一，智能制造是一个战略性的全局问题，而不是局部问题。全局性的问题需要从战略的高度和全局的角度来看，要做好整体部署和规划。

第二，智能制造系统是非常复杂的系统，涉及先进的技术、系统之间的集成和协作。如果没有前期的规划，各子系统很容易陷入数据孤岛的境地，后期整改的成本很高。因此在进行智能制造的时候，前期就要考虑如何集成系统，这是规划的一个重点。

第三，项目周期长、投入大。企业没办法在短时间内实现智能制造，必须分阶段实施，因此要全盘考虑，避免重复投资导致的浪费。

第四，企业的现状各不同，不存在通用办法和路径。每个企业都需要根据行业特点、自身现状进行规划，无法照搬他人经验。比如,国内很多企业基本上还处在工业 2.0 到 3.0 阶段,但有些是生产线自动化程度高一点,有些是生产管理信息化程度好一些,每家各有特点。

1.3 规划涵盖的内容

规划涵盖以下几方面(图 2):

第一,明确整个企业智能制造的目标和愿景,从战略和企业的高度跟企业的高层达成一致。

第二,明确建设内容。因为是系统性工程,所以建设内容都涉及设计、生产等各方面,也包含体制机制的建设、人员能力的建设、标准规范的建设等。

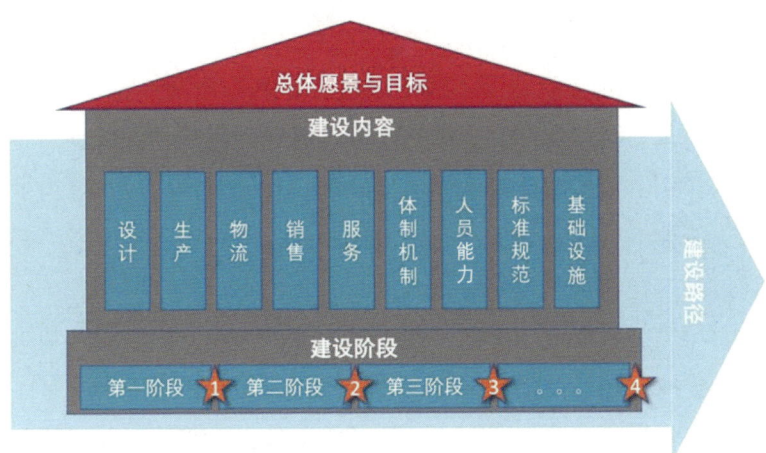

图 2 规划涵盖的内容

第三，规划建设路径。系统之间是相关联的，需要确定各项建设内容的逻辑顺序。

第四，针对建设内容划分不同的实施阶段，明确每一个阶段的目标，突出重点任务。

2 规划前的准备工作

在规划之前，需要做的准备工作有以下三个方面：

第一，组建团队。因为智能制造的规划是一个战略性的全局问题，所以建议由企业高层亲自抓，否则因为项目涉及的面比较广、部门也比较多，会存在部门配合度低的问题，导致项目很难开展或无法深入。另外，团队需集合行业专家和技术专家，最好还要包含各部门的中层领导干部，因为只有让他们了解智能制造所带来的收益，才能够更好地支持项目运作。

第二，前期的访谈，包括了解企业基本情况、行业特点、企业的战略方向和目标，通过这些可以对下一步规划起到指导性的作用。整个智能制造体系架构和设计的建设内容都是为了解决企业的问题，如果没有针对性，目标就很不明确，所以要通过前期访谈了解企业的痛点。

第三，收集成功案例。成功案例可以为我们提供参考和对标，智能制造目前作为一个新的领域，成功案例还不多，可以参考一下世界经济论坛评选的灯塔工厂项目，当前已收录的有44家工厂，其中我国工厂有12家。

3 规划方法

智能制造规划总体可以分为四个大的步骤：

第一，现状评估。现状评估是开展整个规划工作非常重要的基础。只有通过现状评估之后才知道企业所处的水平，以及和目标之间的差距。因此，现状评估既是一个起步工作，也是规划过程中十分重要的一步。

第二，明确目标。在现状评估完之后，可对现状与理想状态进行差异分析，并结合企业的自身定位、战略目标、竞争对手等设定智能制造的目标。

第三，确定建设内容。根据前面两步的结果，再参照标准的智能制造系统架构、成功案例等，规划建设的内容。

第四，规划建设路径。梳理建设内容的逻辑关系，并根据收益、时间和成本投入划分建设阶段，设定阶段性目标。

3.1 现状评估

以上步骤中，现状分析是非常关键的环节。现状评估需要有参考依据和标准。以中国和德国为例，2017年德国科学工程院发布了工业4.0成熟度指数白皮书，中国也在2017年形成了智能制造能力要求和评价指数标准的内部讨论稿，并在2018年形成了两个标准的公开征求意见稿。

德国的工业成熟度模型把企业划分成6个等级（图3）：

第一级：计算机化，即所有的工作基本上采用计算机完

转型：智能制造的新基建时代

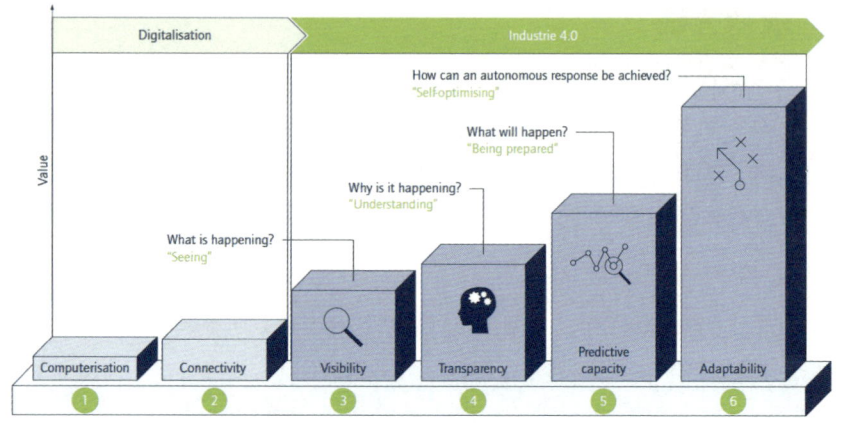

图3　德国工业4.0成熟度等级
（来源：Industrie 4.0 Maturity Index）

成，形成各个数字化系统。

第二级：连接化，即实现系统的网络连接。第一级和第二级都还不是工业4.0，只是实现了常说的数字化和网络化。

第三级：可视化，在这一阶段系统将采集的数据直观地进行展示，并通过数据让我们可以及时地发现企业的问题。

第四级：透明化，在这个阶段系统不仅可以告诉我们正在发生什么，而且可以告诉我们为什么会发生这些问题。

第五级：可预测，即意味着系统不会等到发生问题以后再去分析解决，而是提前预测可能发生的事情，然后提出预警，帮助及时制定调整方案。

第六级：自适应，这个阶段系统不仅可以预测将发生的问题，还可以自行决策，做出优化调整方案，并根据方案自行调整。

图4是我国智能制造成熟度模型。从图中可以看到，我国的成熟度模型包括三个内容：一是能力等级的划分；二是评价的内容，包括能力要素、能力域和能力子域三个层级；三是能力要求，就是针对每一个能力子域内容的具体要求。这三个方面构成了我国智能制造成熟度模型。

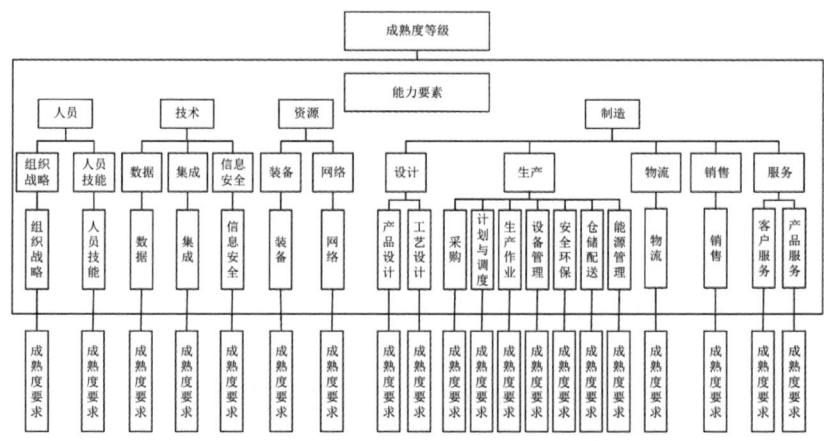

图4 中国智能制造成熟度模型构成
（来源：《智能制造能力等级要求（征求意见稿）》）

第一，能力等级。我国智能制造能力分成五个等级，第一级是已规划级，企业应开始对实施智能制造的基础和条件进行规划，能够对核心业务（设计、生产、物流、销售、服务）进行流程化管理；第二级是规范级，企业应采用数字化装备、信息技术手段等对核心业务进行数字化改造,实现单一业务内部的数据共享,强调的是数字化;第三级是集成级,企业应具备集成方案,对装备、系统等开展网络化集成,实现跨业务的数据共享,强调的是集成与数据互通;第四级是优化级,企业应对人员、装备、产品、环境和生产过程等数据进行挖掘,通过知识、模型等实现对核心业务的精准预测和部分业务的优化控制;第五级是引领级,企业应基于模型驱动业务优化和持续创新,实现产业链协同并衍生新的制造模式和商业模式。

第二,评价内容。如图5所示,评价内容分为三个层级:能力要素,包含人员、技术、资源、制造四个方面;每个能力要素由不同的能力域构成;能力域又再划分为能力子域。根据不同的行业或企业特点,评价内容又有差异,例如离散制造业和流程制造业有不同的评价域,主要差别在于流程制造业更关注工艺设计,可以没有产品设计。

能力要素	人员		技术			资源		制造										
能力域	组织战略	人员技能	数据	集成	信息安全	装备	网络	设计	生产							物流	销售	服务	
能力子域	组织战略	人员技能	数据	集成	信息安全	装备	网络	产品设计	工艺设计	计划与调度	生产作业	采购	设备管理	安全环保	能源管理	仓储配送	物流	销售	产品服务	客户服务

图5 评价内容

第三，能力要求。每一项评价内容都会对应具体的能力要求，能力要求分为一、二、三、四、五级，每一级又有不同的要求。例如数据能力子域的要求为：第一级要求数据应准确、及时地采集，通过手工采集也可以；第二级要求数据应实现系统自动化采集，通过数据化的手段来管理这些数据；第三级要求数据能被跨部门地集合分享和利用；第四级要求应采用数据分析的手段，能通过量化的分析模型开展预测；第五级要求可以根据分析结果进行精准的执行或实施的优化。这就反映了评价的能力域所涉及五个等级的不同要求。目前在国家标准中已经形成了这些具体要求，但针对不同的行业和企业还应根据关注重点或者行业特点对要求进行调整和细化。

有了评价标准以后，怎样根据评价标准对企业现状进行量化打分呢？

首先对评价子域的五个等级的每项能力要求进行打分。能力要求按照满足程度打分，分为不满足、部分满足、大部分满足和全部满足，依次得分为 0 分、0.5 分、0.8 分和 1 分。能力子域得分是其每条要求得分的算术平均值，能力域的得分是该域下能力子域的加权求和，能力要素的得分是该要素下能力域的加权求和，企业成熟度等级的得分是该等级下能力要素的加权求和。

以产品设计能力子域的评分为例，如图 6 所示，对产品设计每一等级的各项要求打分，打分标准按上文介绍的 0 分、0.5

分、0.8 分和 1 分进行。通过对每项要求的分数求平均值得到该子域的得分。比如，产品设计在等级 1 级的要求下总体得分是 1 分，在等级 2 级的要求下是 0.87 分。

能力子域	等级	成熟度要求	要求满足度得分	能力子域得分
产品设计	1级	a）应基于计算机辅助开展二维产品设计	1	1
		b）应根据用户需求，按照设计经验进行产品设计方案的策划	1	
		c）应制定产品设计过程相关标准规范	1	
		d）应根据理论或经验对产品设计进行推理验证	1	
	2级	a）应建立计算机辅助三维产品设计平台	1	0.87
		b）应通过设计管理软件实现产品设计数据或文档的结构化管理及数据共享，实现产品设计的流程、结构的统一管理，以及版本管理、权限控制、电子审批等	0.8	
		c）应实现产品设计过程中不同专业或者组件之间的并行协同	0.8	
	3级	a）应建立典型产品组件的标准库及典型产品设计知识库，在产品设计时进行匹配和引用	0.5	0.65
		b）三维模型应集成产品设计信息（尺寸、公差、工程说明、材料需求等），确保产品研发过程中数据源的唯一性	0.8	
		c）应基于模型实现对外观、结构、性能等关键要素的设计仿真及迭代优化	0.8	
		d）应建立产品设计与工艺设计的协同平台，通过工艺设计的介入与联动，实现产品设计与工艺设计间的信息交互、并行协同	0.5	
	4级	a）应基于产品组件的标准库、产品设计知识库的集成和应用，实现产品参数化、模块化设计	0.5	0.5
		b）应将产品的设计信息、生产信息、检验信息、运维信息、销售信息、服务信息等集成为产品的三维数字化模型中，实现基于模型的产品数据归档和管理	0.5	
		c）应构建完整的产品设计仿真分析平台，并对产品外观、结构、性能、工艺等进行仿真分析与迭代优化	0.5	
		d）应通过产品设计、生产及支撑业务范围内的高度集成，实现设计、生产、检验、运维等业务之间的协同	0.5	
	5级	a）应基于参数化、模块化设计，建立个性化定制服务平台，具备个性化定制的接口与能力	0	0.13
		b）应基于三维模型，建立产品全生命周期的业务模型，满足设计、生产、检验、运维、销售、服务等应用需求	0.5	
		c）应基于产品标准库和设计知识库的集成和应用，自动优化并实现产品智能设计	0	
		d）应基于大数据、知识库建立产品设计云服务平台，进行产品设计周期动态管理，实现服务信息与用户实时交互、协同	0	

图 6 产品设计子域打分示例

其他子域也按相同办法全部进行评分,然后根据能力子域计算能力域的得分。每一个能力子域有一个权重值(权重的设计方法请见下文),假设产品设计和工艺设计两个能力子域的权重分别为 50%,将能力子域与权重相乘再求和就可以得到能力域的分数(图 7)。

能力域	能力子域	一级	二级	三级	四级	五级	权重
设计	产品设计	1	0.87	0.65	0.5	0.13	50%
	工艺设计	1	0.8	0.7	0.5	0.2	50%

能力域	一级	二级	三级	四级	五级
设计	1.00	0.84	0.68	0.50	0.17

图 7　设计能力域得分计算示例

类似的,能力要素得分是能力域的加权平均,企业的整体得分是能力要素的加权平均。假设得到企业的整体得分如图 8 所示,最后需要算出企业智能制造总分和对应的成熟度等级。设定阈值为 0.8,当企业在某一等级下的成熟度达到或者超过 0.8 分,视为满足等级要求;反之,则视为不满足要求。当计算总分时,已满足的等级成熟度得分为 1,不满足的级别成熟度得分取值为该等级的实际得分。在该例中,企业的智能制造总分为 1 + 1 + 0.58 + 0.34 + 0.08 = 3 分。根据总分对照表 1 可确定企业的成熟度等级，即为 3 级集成级。

等级	一级	二级	三级	四级	五级
企业得分	1.00	0.85	0.58	0.34	0.08

图 8　企业整体得分示例

表 1　成熟度评价

成熟度等级	对应评分区间	等级
5 级	$4.8 \leqslant X \leqslant 5$	引领级
4 级	$3.8 \leqslant X < 4.8$	优化级
3 级	$2.8 \leqslant X < 3.8$	集成级
2 级	$1.8 \leqslant X < 2.8$	规范级
1 级	$0.8 \leqslant X < 1.8$	已规划级

最后介绍一下权重的设计方法。权重可采用定性与定量相结合的层次分析法来确定。为确保权重的科学性和权威性，依据智能制造能力成熟度模型来设计判断矩阵调查表，邀请智能制造相关专家、学者及制造企业填写矩阵调查表，将专家意见汇总，通过判断尺度的归一化得到最终判断矩阵。国家标准中已经提供了一套权重的参考数值，当然每家企业也可以根据实际情况进行调整。

3.2 明确目标

评价成果形成之后，接下来就是分析现状与要求之间的差距，可以使用不同的方法和手段来进行，例如雷达图，对每项评价子域、评价域都可以进行总结，分析其优劣势。

总体目标可以通过几个方面来形成：第一，企业高管的访谈，了解高层对企业的定位、期望、规划和愿景等；第二，企业的战略规划，可以参考企业已形成的战略发展文件，包括企业总体战略、产品战略、市场战略、信息技术发展规划等，这些文件都会成为设置长期目标比较好的参考依据；第三，行业对标，可以使用行业里面比较成功的案例及主要竞争对手的情况来做横向的对比和分析；第四，差距分析，通过差距分析，企业可以了解与目标的差距及今后的努力方向。

3.3 规划建设内容

目标设定好之后，下一步就是规划智能制造的建设内容。规划时建议注意以下几点：

第一，要参考国内外标准的体系架构、技术框架及行业成功经验，这些会对理清整体内容框架、逻辑关系起到重要作用。例如，我国的智能制造技术架构标准、德国的工业 4.0 架构、美国的工业互联网架构或埃森哲工业 X.0 路径图等。

第二，关注三大集成。三大集成是工业 4.0 的总体要求，在规划时要充分体现出来，之后每个系统实施时都应满足集成

转型：智能制造的新基建时代

的要求。

第三，CPS 是核心技术。数字孪生、虚实结合是智能制造的技术特点，应以 CPS 作为技术框架，从整体上考虑企业的虚、实两方面的建设内容。

第四，智能优化的工作要以点带面。工业大数据分析、人工智能、预测性优化等内容建议从试点开始，因为这些工作的开发难度大、周期长，而且智能优化工作往往是面向具体业务问题的，不同问题所用的方法也不同，较难形成一个通用的分析模型。因此，可以先把底层架构设计好，具体应用先从关键的痛点问题开始，再逐渐推广。

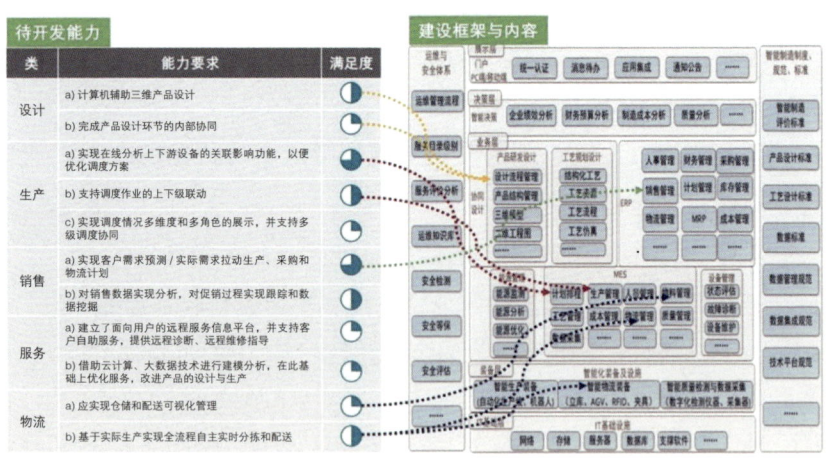

图 9　智能制造建设内容规划示例

3.4 规划建设路径

在规划建设路径时，要考虑内容的逻辑关系，也要考虑时间和成本投入的约束条件。整个智能制造系统需要建设的内容非常多，往往需要3~4个阶段，每个阶段2~3年。如何确定哪些先建、哪些后建呢？除了逻辑关系，可以使用投入-收益矩阵来对建设内容进行划分。纵坐标是收益，包括利润、运营成本的减少、战略目标的吻合度、研发周期的缩短、客户满意度等，都可以作为收益的考量；横坐标是投入，包括资金、时间、人员、风险等。可对收益和投入分别进行打分，每项任务会在矩阵中有个对应位置，这样可以根据投入-收益产出决定建设内容的优先级。

总结而言：第一，要清楚前期整体规划对发展智能制造的必要性，没有统筹规划，很难实施好；第二，要做好准备工作，包括高层的参与、团队的组建、资源的配置、知识的储备等；第三，要对企业现状进行正确的评估，找准定位和优劣势；第四，要抓住智能制造的几个核心要求与技术，例如三大集成、CPS、人工智能；第五，要循序渐进、分阶段实施，从国家整体规划及其他国家的发展战略来看，智能制造不是短期能实现的。

工业互联网物联接入技术

朱毅明

北京和利时智能技术公司总工程师

1 工业物联数据的采集

工业物联数据是物理世界实体的信息在数字空间的映射。物理世界是连续的,数字空间是离散的,物理实体的信息需要通过抽象和量化才能映射到数字空间。对于一个特定的工业生产过程,首先要选取可测量的物理参数,其次用传感器将物理参数转化为电信号,然后将电信号通过量化采集转化为数字空间可以识别的数据格式,最终产生工业物联数据。抽象和量化的过程必定会丢掉一部分信息,哪些信息要丢掉、哪些信息要保留,需要根据应用要求来进行。

工业物联数据之间存在着复杂的联系,有些是已知的,有

技术与评价

些是未知的，有些是已知但不精确的，可以通过后续的关联性分析发现它们的关系，建立一个精确的模型。

源自物理世界的工业物联数据大部分存在随机误差和系统误差，如电子体温计的测量精度一般在 0.1 摄氏度左右，所测得的温度值并不是准确的体温，存在一定的不确定性，也就是误差。

每一个工业物联数据不能被简单地看成一个单独变量，它是一个具有多种内在属性的数据对象。工业物联数据具有时间属性，也就是时标（timestamp）。数据是什么时候产生的，这是非常重要的，因为在物理世界中，时间是不会倒转的，一定是先有因才会有果，时标对于因果关系的分析非常重要。工业物联数据的另一个属性是值（value），也就是物理参数的大小。还有一个属性是质量（quality），数据是从物理世界采集来的，数据的质量就是采集的结果是否能够准确反映物理参数，数据采集过程有可能受到干扰产生误差，或者出现数据采集错误的现象。

1.1 工业物联数据分类

工业物联数据从采集量化的角度来看，分为数字量和模拟量（图 1），数字量只有 on、off 两个状态，转换到数字空间就是一个布尔量。一个数字量的序列是有限多个 0 和 1 的状态按照时间顺序的排列组合，也就是脉冲信号，有频率、相位和占空比。描述一个开关的状态，用 on、off 信号就可以满足要求，但如果描述电机的转速，就需要采集、分析频率方面的信息。物理世界的模拟信号是连续变化的，经过时间和幅值量化采集的模拟量数据，其实并不能反映物理参数的全部真实状态，采集的频度和精度并非越高越好，而是与后续的处理有关。

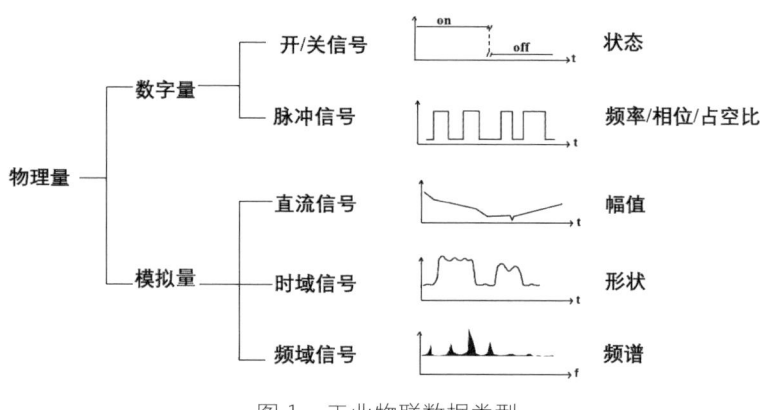

图 1 工业物联数据类型

1.2 常见工业物联数据

不管是流程制造还是离散制造，工业物联数据的来源都相差不大，主要有人员数据、设备数据、物料与产品数据、生产过程数据和环境数据。人员数据包括人在生产过程中的数据，比如个人数据、位置数据、操作数据等；设备数据包括设备状态、运行参数、用户代码、报警事件、故障录波、能耗数据、维修记录等；物料与产品数据包括生产过程中物流的数据、物料数据、工装和工具数据、工艺记录、质量记录、测试报告、维修记录等;生产过程数据指工业生产活动产生的数据,如生产状况、工艺参数、生产记录等;环境数据指生产环境产生的数据,比如环境参数(温湿度、光照度、洁净度、气体成分、粉尘含量等)、能耗数据(水、电、气、热等)、安防数据等。

1.3 物理世界与数字空间的接口

一般生产过程中的信息都是非电量信号,非电量信号实际上是无法直接采集的,必须先将其通过传感器转化为电量信号,比如温度信号,然后通过热电阻或热电偶将其变成电阻值或微小电压信号,再通过信号放大变成比较大的信号,最后通过模数转换器(ADC)模块完成模拟信号到数字信号的转化。模拟控制信号的输出则是一个相反的过程,先将数字信号转换为模拟信号,再经过机电设备的动作将电信号变成位移、开度等机电信号来调节生产过程。

工业物联数据的采集有很多因素需要考虑,包括位置、方式、采样率、滤波、误差。

关于位置因素,举一个温度采集的例子。要采集两个房间的温度,一个房间 20 平方米,另一个房间 2 000 平方米,该如何选取采集点的位置?对于 20 平方米的房间,在房间里采集一个点基本上都可以反映房间的温度情况。但是对于 2 000

转型：智能制造的新基建时代

平方米的房间，需要很多的采集点才能反映房间的温度状态。这种情况下，采集点的数量、位置都需要根据房间的具体情况进行考虑，采集点的位置如果不合理，就会导致最后的结果不能反映实际状态，后续的分析结果变得没有意义。

采样率是数据采集的一个关键因素，如果采集的是温度、压力或流量信号，就用低频采样；如果采集的是噪声或振动信号，那么就需要高频采样。滤波方法在数据采集中十分常见，可以有选择地滤除不需要的信号。如果所需要的信号成分是高频的，那么就可以选用低频滤波，反之则可以选用高频滤波。在工业控制中一般所需的是低频信号，而在故障检测中所关心的往往是高频信号。

误差包括敏感元件的灵敏度、采集到信号的信噪比、采样周期的抖动、采样误差、量化误差、非线性误差、增益误差、失调误差等。

其他需要考虑的因素还有敏感元件的类型，是直接测量还是间接测量，是实时采集还是离线采集等。

2 工业物联数据的预处理

物理世界的状态被量化采集之后变成工业物联数据，由于采集过程可能存在错误或缺陷，需要对工业物联数据进行预处理，目的是剔除重复或无用的信息、纠正可能存在的错误、保持数据的一致性。

数据采集主要存在几类问题：第一，数据不完整；第二，数据存在重复；第三，单个数据时序关系或多个数据之间的关系存在明显矛盾，不满足数据关联性，比如一个流量传感器采集到水流量在 1 秒钟内突然升高 90%，或者多个传感器采集一个小房间的温度，同一时刻采集到的数据相差很大，这就不满足数据的关联性；第四，数据与固有机理或常识不符，不满足数据合理性，比如测得常压容器的水温达到 150 摄氏度，这就明显不符合常理；第五，存在超出允许范围的误差或错误数据；第六，数据样本分布不均匀；第七，发生的时间顺序与已知因果关系不符。

2.1 缺失数据填充

对于工业物联数据而言，宁缺毋滥，工业生产过程数据具有冗余性和连续性，其实少量数据的丢失影响不大。数据补充有以下几个办法：第一是根据机理模型的预期值补足；第二是利用拟合函数补足；第三是使用默认值补足；第四是用平均值补足。

2.2 误差处理

由于任何采集手段都存在不确定性，我们实际上无法知道物理世界状态的真实值，数据采集的误差也称为不确定度。降低采集的不确定度可以从以下几个方面进行：

第一，提高信号的信噪比。合理地选择传感器的类型和安装位置，尽量在现场完成信号的 A/D 转换，加强信号传输路径的防护，并采用低噪声采集电路。

第二，通过合理选用调理电路和 A/D 器件提高采集精度和频率。

第三，滤波处理。滤波会把信号精细的部分去除，滤波对于故障分析其实没有太大好处，但是对于生产控制则很有用。

第四，数据平滑处理，采用多次采样滑动窗口平均、加权平均等。

第五，回归拟合。利用拟合函数实现平滑数据，去除其中噪声。

2.3 不一致和异常数据去除

工业生产过程一定可以抽取出简化机理模型，可以通过这些简化机理模型发现数据的异常值，并将之剔除；可以根据工业装备的特性参数发现异常值，比如对于一台发电机，正常转速是 3 000 转 / 分钟，最高到 3 300 转 / 分钟就会出现故障，但是如果采集的数据中出现了一个 4 800 转 / 分钟，这肯定是异常的数据，这就是根据工业装备的机理发现异常数据；可以通过聚类分析发现异常数据，位于聚类集合之外的数据对象可以认为是异常数据；可以根据人的经验发现异常数据；还可以通过数据时序因果关系错误发现异常数据。

技术与评价

2.4 样本扩增

在实际工程中,基于生产数据做预测性维护实际上不是那么容易,比如一个工厂有 20 台电机,这 20 台电机可能几年之内都运行正常,不会出现故障,这样就无法收集到故障数据,很难从数据中总结出规律,比较实用的方法是采用基于因果关系的简化故障模型。

对于用户企业,实际上并不建议自己做基于数据的预测性维护,因为很难获取故障数据。建议由设备生产厂家来做设备的预测性维护,因为生产厂家在生产设备的过程中可以人为地制造故障数据,比如把某个轴承破坏掉,获取它的故障信息。

当然,对于样本扩增,可以在仿真系统上模拟异常或故障工况,或者通过已知的简化机理模型补充样本,但是并没有多大意义了,也可以采用类似于强化学习的办法来做,通过拟合的方式补充样本。最好的方式其实还是通过真实的实验方法获取数据。

2.5 时间序列错位

为了避免多个工业物联数据的时间序列错位,需要进行全局对时,无论采集什么信号,都需要有准确的时标。具体措施如下:

第一,采用高精度的全局对时协议。比如 B 码能达到 0.1 毫秒精度,IEEE1588 协议可以达到 1 微秒精度,NTP 协议可以达到 1~10 毫秒精度。对于大部分工业数据采集场合，NTP 协议足够了；对于一些高精度要求场合，也可以用 B 码协议；精度要求更高的场合可以使用 IEEE1588 协议。

第二，提高采样设备的时钟精度。采样设备的时间间隔一般都是稳定的，但是石英晶体都会有漂移现象，特别是存在较大的温度漂移，这时就需要选择温度补偿晶振。

第三，缩短采样间隔，采用高速运算放大器和 A/D 模块。

第四，降低采样间隔的抖动，如使用 FPGA 控制的采样电路。

第五，进行时间序列调整，如基于机理模型的矫正。

2.6 数据压缩

由于工业生产稳定性较高，工业物联数据的价值密度普遍偏低、样本量巨大、样本分布非常不均匀，由于数据存储和传输成本较高，需要对原始数据进行压缩存储和传输。压缩的方法分为有损压缩和无损压缩，工业上大部分情况采用有损压缩。有损压缩方法主要有死区限制算法、旋转门算法、后向斜率算法、快速傅里叶变换（fast Fourier transform，FFT）或小波变换、故障录波（只记录故障数据）等。无损压缩与 IT 常用的压缩方法没有区别，如 Haffman 算法、LZW 算法等。

2.7 工业物联数据降维

由于工业物联数据维度过高，部分数据关联性很高，具有极大的信息冗余，不利于后续的大数据处理，需要对数据进行降维。对数据进行降维的方法有以下几种：

第一，利用工业机理模型降维。如同一个点有三个温度测量信号，对这三个信号取平均值，用平均值代替三个独立的信号，把之前三个维度的数据变成一个维度的数据。

第二，基于业务专家经验进行降维。如在某个管道采集到三个流量和压力值，那么可以用压力值代替三个流量，因为根据以往经验，流量和压力之间是相互关联的。

第三，通过对数据的分析降维，如通过低方差滤波、高相关滤波等。假设方差小的数据包含的信息量少，运用低方差滤波，所有数据列方差小的可以滤除。

第四，运用人工智能的方法，如主成分分析（principal components analysis，PCA），寻找能保持采样数据方差的最佳投影子空间。

3 工业物联数据的建模

由于从物理世界映射的物联数据大部分是孤立的，数据与数据之间的联系并没有建立，比如采集了温度、压力、流量，却不知道它们之间是什么关系，因此需要建立一个模型，建立数据之间的关联，模型实际上就是建立数据之间可视化的关联。

工业物联数据模型主要分为物理模型和逻辑模型。物理模型即物理世界直接映射过来的模型,如物理 IO、设备、物料、产品、环境、能源等;逻辑模型包括工艺机理、业务流程、逻辑控制、工作流等。

3.1 基本 IO 模型

图 2 所示为一个基本 IO 模型。比如,一个模拟量通过转化之后得到一个 16 位整型对象,这个 16 位整型并不能代表一个物理量,必须进行当量转换,这其中又需要比它多一个数量级的参数与它进行匹配,才能够形成一组信息,这就是一个类

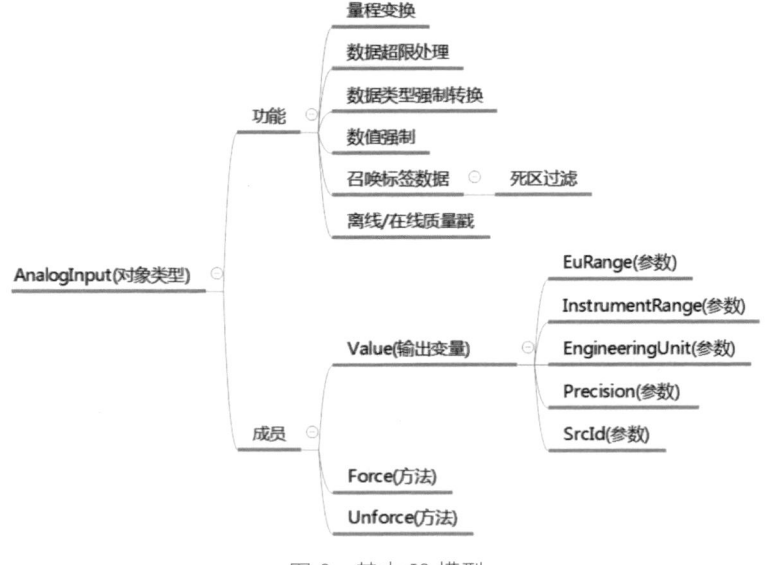

图 2　基本 IO 模型

似传感器的模型。实际上，传感器在工作中并不是直接采集一个物理量后输出，这其中还涉及了更多的参数，这些参数共同表示了一个物理量。

3.2 设备资产模型

在工业现场采集了很多设备相关的数据之后，需要将这些数据关联起来组织成设备模型，再由多个设备模型组织成生产线模型，一个车间可以包括几条生产线、单元设备、运输设备、物流设备、库房等，几个车间可以组织成工厂，几个工厂组织成一个企业，形成一个层次化的设备模型结构（图3）。

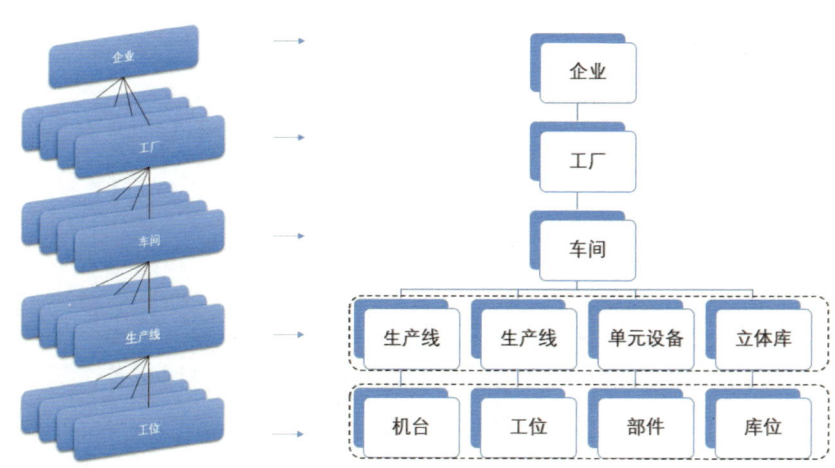

图3　设备资产模型

3.3 工艺模型

流程工业

工厂是为特定的生产目标设计出来的,一定存在工艺机理模型。

例如,锅炉的燃烧是一个多输入多输出的过程(图4),M、V、V_s、P_t、α、P_s 相互之间存在关联性:

(1)调节燃料量 M 控制主蒸汽压力 P_t(或机组负荷)。

(2)调节送风量 V 控制过剩空气系数 α(烟气含氧量)。

(3)调节引风量 V_s 控制炉膛负压 P_s。

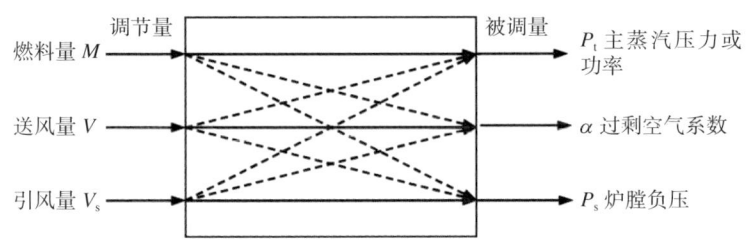

图4　流程工业工艺模型

离散工业

离散工业一样有工艺模型,从工步到工序,到工段,再到工艺制程,它们之间是有前后关联关系的,从哪里进,从哪里出,中间经过了多少工步,工步出现问题应该转移到什么地方,这些具有特定的逻辑关系(图5)。

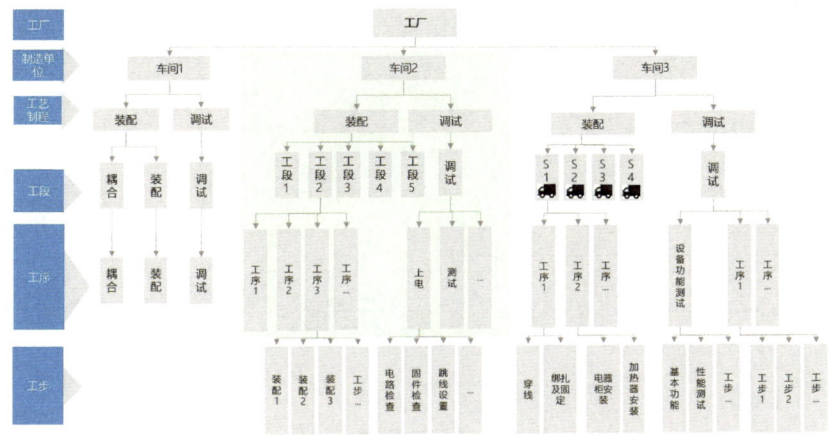

图 5　离散工业工艺模型

3.4 控制模型

图 6 所示是一个简化的控制工艺模型。锅炉产生蒸汽到汽轮机推动叶片，叶片带动主轴旋转，主轴旋转带动发电机发电，将这个流程反映到信息系统中，需要对其进行建模。

3.5 业务模型

图 7 所示是一个工厂的业务模型，包括底层的人员模型、物料模型、设备模型、工艺模型等，这些模型都建立在业务数据的基础之上，这一块已经不仅仅是工业物联数据了，还包括信息系统产生的数据。这些数据组合在一起，形成工厂业务模型。

转型：智能制造的新基建时代

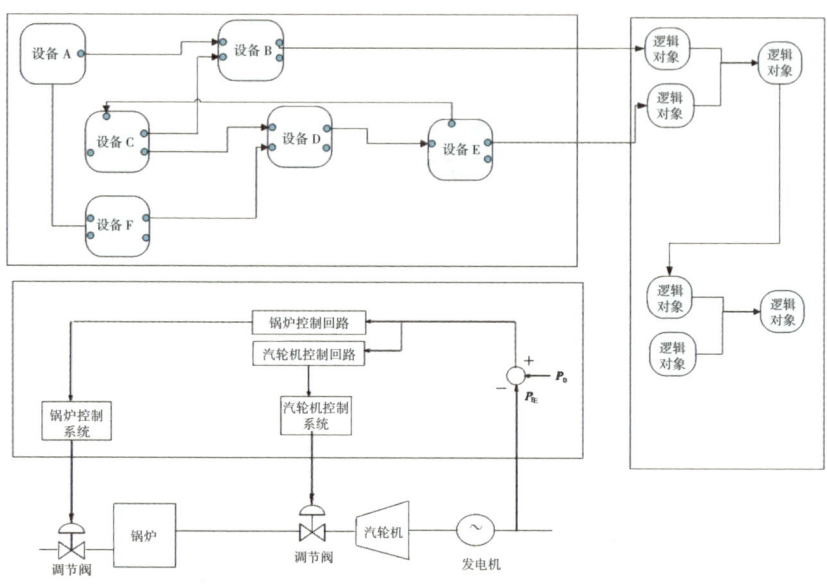

图 6　控制工艺模型

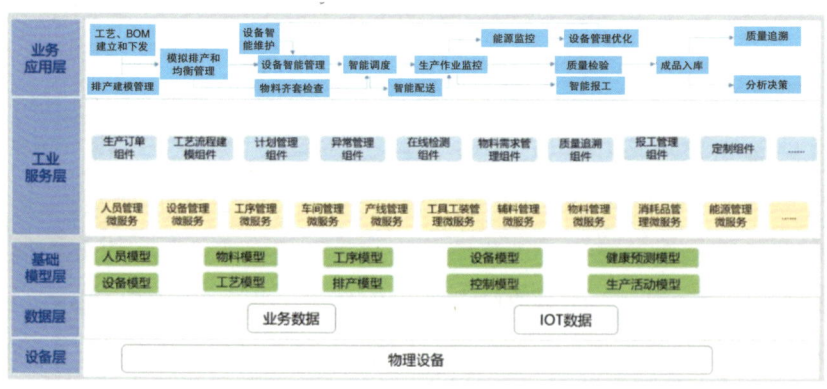

图 7　工厂的业务模型

4 现场设备网络化改造

工业现场的数据并不是越多越好,而是够用就好。对于一个设备进行改造,既要考虑以后的发展方向,又要考虑投入成本和技术难度。如果要采集设备的所有信息,那么设备的改造成本和技术难度都非常高。现场设备网络化改造是一个系统工程(图8)。

现场设备的改造分为两大类:

一类是非数字化设备改造,如老式机床。对于这种老式设备的改造又分为两种:一种是侵入式改造,需要将设备打开,对内部进行升级改造;另一种是非侵入式改造,在外部对设备进行升级改造。对于非数字化设备的改造,技术上是可行的,但是有时候投入较大,需要考虑投入产出比的问题。

另一类是数字化设备的改造。这类改造也分为两种:一种是有通信接口设备改造,另一种是无通信接口设备改造。有通信接口的数字化设备改造又可分为两种:一种是已知协议和报文结构;另一种是不知道协议和报文结构,需要通过逆向分析的方式进行。无通信接口设备,如果可加装通信接口的话,就加装通信接口成为有通信接口设备;如果不可加装通信接口,可以用图像识别技术识别设备操作界面,获取界面上的数据,但实施成本较高;还有一种方式是侵入设备操作系统,提取其内存中储存的数据,或者截获主机与终端之间的报文进行分析来获取数据,这类方法投入精力和成本也较高,不建议使用。

转型: 智能制造的新基建时代

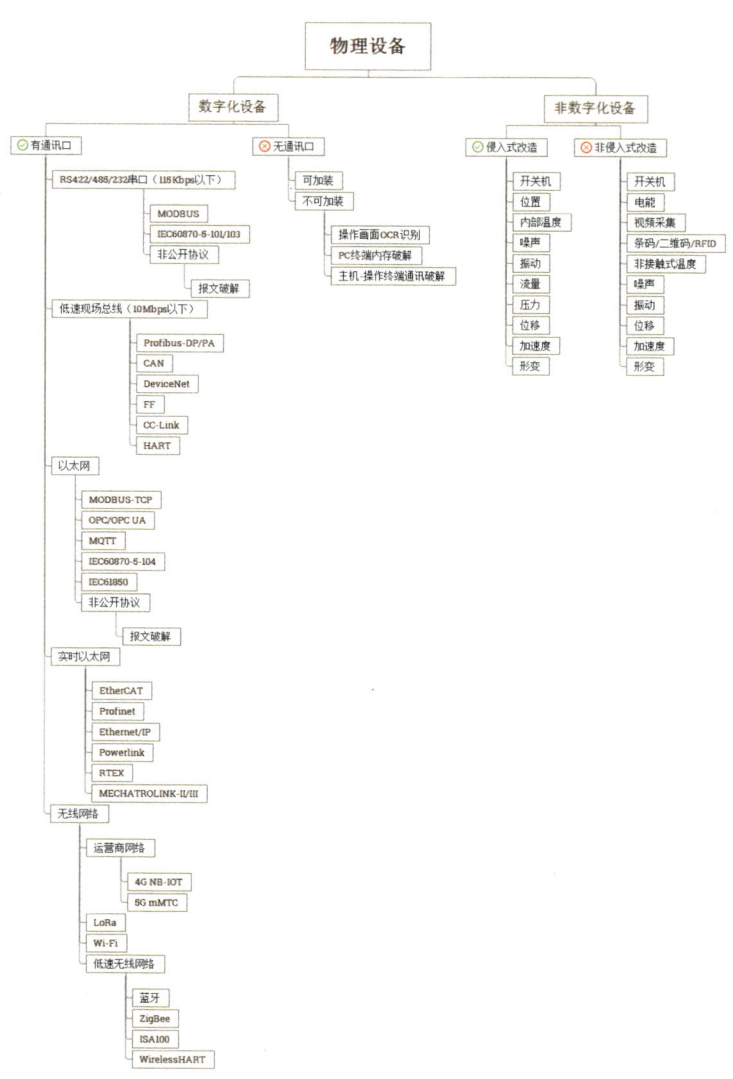

图 8 现场设备网络化改造

总结一下，工业现场采集的物联数据与信息系统原生的数据存在较大的差异，大部分物联数据存在不确定性和不完整性，需要根据应用的要求选择采集的方式和方法，不要一味追求高精度、高速、高维度，而且在后续的大数据分析中需要考虑数据误差和数据维度问题，避免得出错误的分析结果。

从边缘计算到工业互联网

郭 翘
NI 亚太区高级市场经理(电子制造/能源电力/工业机械)

1 工业物联网是工业互联网的基础

无论是工业物联网还是互联网,首先是要获取可靠的工业大数据(图1),这些工业大数据获取的前提是要把工业现场设备进行物联,所以说工业物联网是工业互联网的基础(图2)。

工业物联网和工业互联网都包括以下三个部分:

第一部分是工业物联的对象。不同行业的物联对象有所不同,如测试行业,对象是自动化测试的机台;离散制造行业,对象是制造设备;而对于电厂、钢厂这些运营为主的单位,对象可能是电机、压缩机、汽轮机等运营资产。进行物联的目的

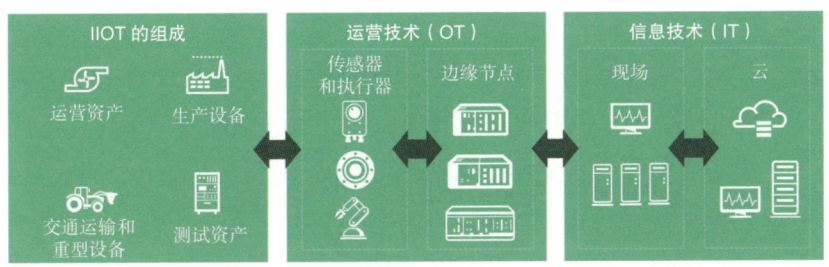

图1 工业互联网的前提是获取可靠的工业大数据

图2 工业物联网解决具体工业应用场景

并不只是为了把收集的数据上云,而是要做出产品的差异化,为企业降本增效服务。例如,对于新产品研发端或者产线端,工业大数据的价值是为了加速产品的设计、研发、量产的迭代过程。解决具体工业应用场景的问题才是开展工业物联网或互联网的真正目标。

第二部分称为运营技术(operating technology,OT),包括传感器、执行器和边缘节点。开展工业物联网或者数字化转型项目希望解决什么问题会影响运营技术的选择和与其相关的要点。边缘节点英文名为"NODES",这五个字母恰好代表五大需求,分别是纳秒级分析和控制、开源互联软件、采集任意传感器的数据、适用于边缘计算的硬件和同步技术(图3)。具体情况如下:

第一,纳秒级分析和控制。在电力电子的应用场景经常需要实时计算并且达到纳秒级的闭环响应时间,所以只有通过软件自定义的方式,使用支持 FPGA 的硬件平台,才能满足这一需求。

第二,开源的理念。每个工程师都会有自己习惯的编程语言,如何利用开放的平台把已有的开源算法库快速地集成到边缘节点中,是要考虑的第二个要点。

第三,传感器。通常对于一个陌生的设备,一开始更多的是尝试的过程,比如到底需不需要外加传感器,如果需要则要

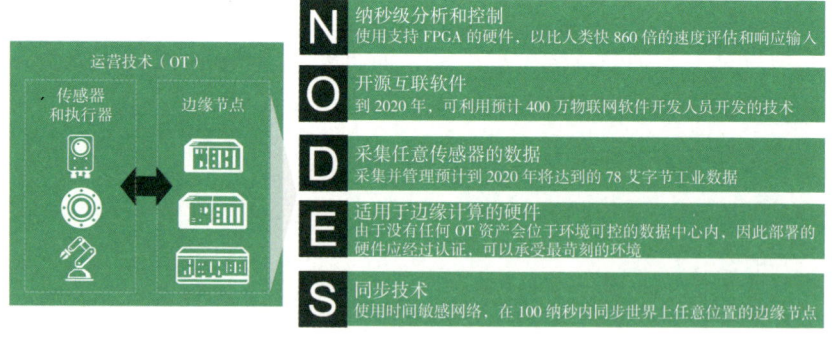

图3　工业物联网边缘节点需求

技术与评价

考虑传感器的数量和类型。利用一个平台方便地集成多种传感器信号,把低速、高速、静态、动态或射频的信号集成在一个硬件平台里面。

第四,边缘部署。未来部署环境的温度、湿度等苛刻的需求是千差万别的,所以必须选择适用于边缘部署的可靠硬件厂家。

第五,同步技术。这一点往往是容易被忽略的。如今分布式采集的工业场景越来越普遍,数十或成百个的采集节点需要以微秒级的同步精度对信号进行采集,什么样的硬件能满足这种需求,这也是要考虑的因素。

2 数据采集

如前所述,无论是物联网还是互联网,第一步是把物理现象进行测量和数字化的过程,这一过程被称为数据采集。数据采集的类型包括数字信号和模拟信号。模拟信号需要考虑几个要点:

第一是分辨率。要用多少比特来表征物理信号,取决于需要逼近原始物理信号的程度,比特数越高意味着性能或动态范围越能够达到更好的效果,但成本也就越高。

第二是量程。不同的传感器有不同的电流、电压输出,如何选择硬件的模块使其量程适用传感器的输出范围,这也是需要考虑的因素。

第三是采样率。根据想要解决的问题选择采样率,比如需要预先确定所关心的信号最高频率成分。如果只要求恢复频率，那么采样率只需达到两倍于信号最高频率成分就足够了。但是如果要精准地恢复原始信号的波形，或者要分析高次的谐波，通常需要 5~10 倍的采样率。很多人提出疑问，如果设备控制器本身具备某些信号的输出能力，这时候到底需不需要外加传感器？通常，设备输出的信号是毫秒级或秒级的 PLC 信号，如果需要解决的问题在这种频率的信号中可以体现，那么就无须外加传感器。如大多旋转设备毫秒级别的信号输出无法达到预测性维护的需求，这时候就需要思考采用多少采样率、用什么样的传感器等问题。有了高速采集的数据，我们同时也要关心数据本身伴随的背景信息，这称为"元数据"。元数据包括了被采集对象的信息，比如被采集信号本身的通道名称、测量的传感器类型等，将元数据和原始数据保存在一起是为了方便日后真正发挥大数据的价值。因为如果缺少这些背景信息就无法方便、快速地把需要的数据索引出来做后续的算法处理。

关于数据采集和记录的技巧和建议：第一，在做项目的过程中，尽可能使边缘节点靠近传感器，减少传感器的线缆长度和额外噪声的引入；第二，设置正确的模拟信号采样频率，这也决定了到底需不需要额外的传感器；第三，仅采集需要的数据，以满足最小化数据量和储存需求；第四，保存元数据，以提高可读性、可搜索性和提取信息的总体能力。

3 处理和特征提取

把物理现象通过测量的方式数字化以后，得到的是高频的信号，信号处理则是进一步提取出有价值的特征的过程。通常有两种常见的模式：一种是实时处理，即边采集边计算边显示；另一种是流盘处理，适用数据量或者采样率比较高的场合，先做数据的流盘，后续再做离线的分析。

基于 FPGA 边缘计算平台的架构，无论是什么样的传感器，信号首先传输到 FPGA 中，通过软件的方式，边缘计算的算法可以在 FPGA 上以纳秒级的步长完成，完成了以后把计算的结果上传到实时处理器中进一步完成后续的边缘计算工作。

基于 FPGA 的硬件平台相比起传统的硬件平台优势明显，传统的专用芯片只能完成固定的计算，不能自定义设定信号处理的算法。基于 NI Reconfigurable IO 的硬件架构和软件工具链，可以快速、方便地将 C++、Python、Matlab 的 m 语言、Xilinx 的 FPGA IP 核等第三方的算法集成到边缘设备中（图 4）。当然，LabVIEW 平台针对不同行业、不同信号类型也有现成的信号处理工具包，避免用户每个算法都从头写起。

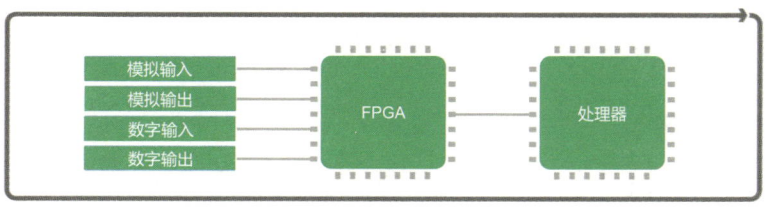

图 4　Reconfigurable IO 架构

4 控制

在很多工业物联网场景中,不仅需要监测设备,很多时候还会涉及根据采集的信号在边缘端完成实时的控制策略,如急停、安全关机、制造过程中内部参数的调整或驱动后续运动部件等。提到控制,PLC 是工程界久经考验的首选。但是近几年在越来越多的场景中,传统的 PLC 并不能满足日益增长的需求,比如 PLC 更多的是简单的逻辑控制,但如今越来越需要自定义的高速控制,甚至高速的数据流盘、视觉图像的处理,这使得 PLC 平台遇到了瓶颈。例如,在一个智能装备的场景中需要同时控制 40 个液压阀,满足五轴高性能运动,有 150 多个输入通道,甚至同时要进行视觉处理和 HMI,基于 NI 的 FPGA 边缘计算数据采集平台完全可以胜任。

关于处理和控制的技巧和经验:第一,要尽可能发挥边缘节点的能力以便处理更多的数据,将数据降维以后再上传到企业的网络中,降低网络的负荷情况;第二,建议使用支持 FPGA 的边缘节点来最大限度地提高性能(表 1),特别是对于需要实时控制混合信号和图像处理的应用;第三,将现有的 PLC 系统与全功能边缘节点相结合,以满足边缘侧的各种需求。

5 通信

通信不仅是边缘设备间的通信,也包括边缘端到 IT 端的部分。对于大部分已有的老旧设备而言,进行物联是很困难

技术与评价

表 1 利用支持 FPGA 的边缘节点扩展功能

性能指标	典型的边缘节点	支持 FPGA 的边缘节点
触发	预定义的触发选项	能够用布尔逻辑创建任何触发器组合
计数器	固定数量的通用计数器	自定义任何数字线上的计数器
多速率采样	有限	每通道可单独配置
板载处理	仅限处理器	多计算选项
响应时间	微秒级	纳秒级

的。很多机床的协议已经私有化，数据读取只能通过某些固定的软件才能实现，这也成为现在工业物联的障碍。之所以出现这么多的协议，是因为在过去几十年，每个厂家会主导、推崇它们自己引领的协议，比如 ProFiBus 或 EtherCAT 等。这些都是历史遗留问题，我们必须解决设备间的互联互通问题。

未来行业通信的趋势将是 IT 和 OT 融合。IT 通信的物理媒介是传统的以太网，如何能在工业的现场也用以太网统一的模式来完成各个设备之间的通信？时间敏感网络（time sensitive networking，TSN）是在 IEEE 802.1 标准框架下，基于特定应用需求制定的一组低延迟和高可靠"子标准"，其主要工作在物理层和数据链路层，为车载通信、工业以太网等提供基础设施。TSN 主要具有时间同步协议、流量整形、低延迟以及确定性以太网帧传输、容错、信息安全等特性。关于时间同步，IEEE TSN 工作组以 IEEE 802.1 AS 标准的形式确定了 TSN

同步协议的规范,旨在为通过以太网连接的分布式工业设备提供亚微秒级别的时钟精度。而流量调度能让周期性的控制通信需求和非周期的数据在同一个网络中传输。真正 OT 和 IT 融合了以后,IT 跟办公的网络或其他的网络就算出现网络拥堵的情况,流量调度的机制也能保证设备端的信息在保持一定延迟的情况下传输到另外的终点。

关于通信的建议:第一,如果做旧厂改造升级,已有的设备先要解决的是数据读取问题,更多的是用传统的方式做到信号级的同步;第二,如果是新厂规划实施,可以考虑所有支持 TSN 边缘采集的设备来完成同步的需求,无论是传统的星形架构、菊花链架构,TSN 都可以支持;第三,虽然整个工业物联网看上去更多的是 OT 团队的工作,但是通信同步也应尽量引入企业的 IT 团队参与。

6 安全

信息安全,最直观的理解是类似电脑的用户名和密码。在工业物联网中,这是最基本的,但是远远不够。回到要解决的问题,我们要达成的目标有信息的保密性、完整性、身份验证和授权。保密性意味着信息受到保护,不被别人截取;完整性则要求发送的信息不能少,也不能多;身份验证和授权指不同的人登录进系统有不同的权限,能做不同的操作。

在工程项目中为了能够很方便、快速地达成目标,建议基于已有的软件或硬件的技术，比如通信协议里面，DDS 或 OPC UA 已经内置了证书加密协议。OPC UA 是基于 OPC 基金会提供的新一代技术，提供安全、可靠和独立于厂商的，实现原始数据和预处理的信息，从制造层级到生产计划或 ERP 层级的传输。在操作系统方面，Linux 毋庸置疑更加安全可靠，在工业物联网的环境下推荐配制成 Security Enhanced 的 Linux 操作系统。现在 NI 所有的嵌入式平台都基于 Linux 的操作系统，我们也发表了相关的白皮书来指导大家如何配置成安全增强的 Linux 环境。

关于安全的建议：第一，同时部署多项安全技术，以实现保密性、完整性、身份验证和授权的目标；第二，尽量选择已经有内置安全功能的通信机制；第三，选择基于 Linux 的边缘节点来利用安全增强型 Linux 和 LUKS 等技术；第四，在交付甲方前，要记得可以用公开的工具来看嵌入式系统到底有没有安全的漏洞等。

7 部署

部署是工业物联网和消费物联网差异较大的方面。工业的环境千差万别，有环境苛刻的钢厂、化工厂，也有高寒、高湿度的野外环境，甚至有高压的电厂、变电站等。对于边缘设备，不同的温湿度、冲击、噪声、粉尘、防爆要求等都是需要考虑的因素。

第一，越可靠越好，当然这也是成本和可靠性折衷的过程；第二，在不同的环境下要了解相关的规范标准，如化工厂部署边缘的设备必须有防爆认证；第三，对于不同的厂家不同的设备，要按照厂家建议的最佳方式安装部署，如传感器的安置方式，如用磁座则会有掉落的隐患，因此考虑长期现场的环境因素，应倾向螺栓紧固底座的方式。

软件方面，在如今全国工厂或世界工厂的趋势下，成百上千个分布式设备遍布各地，如何方便地远程管理分布式系统或查看分布式系统的状态，业界主流的做法已从传统的Client-Server架构升级为Browser-Server架构。浏览器–服务器的架构可以实现远程地查看分布式设备的使用率、连接状况、自检等功能。对于软件来说，还必须实现的是通过浏览器端远程批量地对分布式设备进行软件的安装、卸载和版本管理等，而且软件部署的功能必须足够开放，不能与某个供应商绑定（图5）。

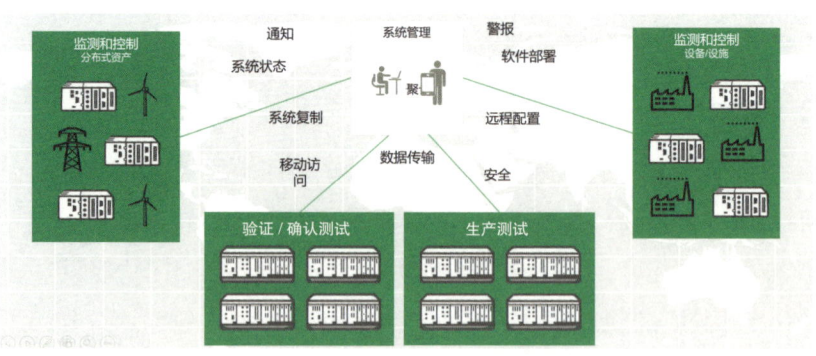

图5 挑战：管理已部署的系统

分布式系统的管理也包括节点到服务器双向数据通信。浏览器不仅要有查看所有远程设备的功能，还要具备反向控制设备的自定义扩展能力。应对远程部署的种种挑战，NI 的 SystemLink 通过连接分布式系统并提供基于 Web 的远程访问和可视化应用程序的集成平台，改善系统健康状况、提高软件配置合规性和进行安全数据汇总收集。其开放的架构支持 NI 与非 NI 的硬件，并且也支持各种编程语言开发的测试应用程序。

关于部署的建议：第一，在设计边缘侧系统之前，要充分了解部署环境；第二，建议使用 iLO 或者 SystemLink 等企业系统管理软件进行远程配置、诊断、软件更新和数据管理。

8　数据管理

数据管理是发挥工业大数据价值的前提，也是管理分布式设备所必然面临的挑战。以一个电机为例，假如部署了一个加速度计和电流、电压传感器，每 10 分钟采集一组高速信号，一天采集的原始数据规模可以达到数十 GB；对于整个电厂，所有设备产生的数据每天高达 TB 量级。海量的工业大数据不仅给存储带来挑战，还给大数据分析的工程师带来了难题。有报告显示，现在很多的企业都不缺数据，但只有 22% 的企业有结构化的大数据，这意味着信息保存完整，能够用于后续的分析。78% 的企业数据并不是结构化后的数据，无法被很好地利用起来。即使 22% 的结构化数据可以用于分析，但是现在的企业中真正能够把工业大数据利用起来的比例也仅仅是在5%，主要是因为工程师花了太多的时间在收集数据或者在其他的低效、重复性劳动上，没有事先规划好高效的、自动化的大数据管理（图6）。应该怎么样做？我们了解一下工业界测试测量行业的文件格式，包括文本格式、JSON格式、二进制格式等（表2）。

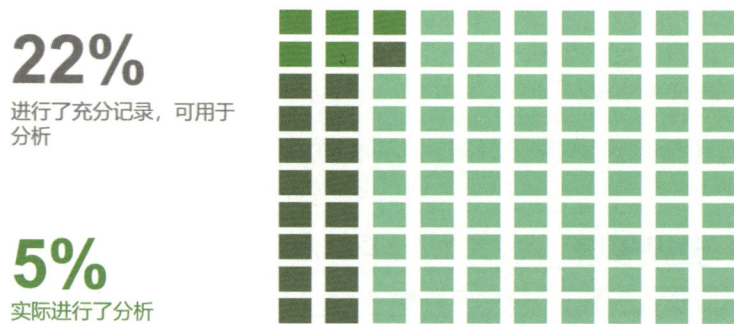

图6 数据记录与分析

表2 存储数据正确文件格式

文件格式	ASC Ⅱ	XML/JSON	二进制	TDMS
占用少量磁盘空间	×	×	√	√
速度	×	×	√	√
可读性	√	√	×	×
针对元数据进行结构化	×	√	×	√
Web标准	×	√	×	×

TDMS 文件,即 technical data management streaming 的结构化二进制文件,这种文件有三层结构,包括文件、组和通道。每一级结构属性都可以自定义,把元数据添加到原始数据当中,让数据结构化,方便后续的快速索引、处理等。TDMS 和常见的文件格式对比见表 2。由于是二进制文件,它的磁盘空间比其他格式文件更加高效。当然,如果针对网页应用,JSON 文件仍是主流,但是 TDMS 丰富的生态圈也能很方便地找到插件,以更友好的方式连接到网页应用中。TDMS 是业界推荐的工程数据格式。选定了标准的、可结构化的文件格式后,接下来如何真正做到企业数据的标准化、自动化?不管是实验室还是产线,都会有数十个供应商,每个供应商的文件格式都是属于自己的格式,如果不同供应商产生的工程数据能够自动转成 TDMS,并把事先定义好属于企业自己标准化层级结构的元数据自动写到 TDMS 文件的三层结构属性之中,同时自动建立索引,让整个企业的工程师能通过服务器 – 浏览器架构的方式快速地搜索出不同分布式系统、不同供应商产生的数据,这个才是真正的企业级工业大数据管理自动化,这也是 NI 现在帮助非常多的企业在做的事情(图 7)。

关于数据管理的建议:第一,要选用正确的文件格式;第二,数据标准化,元数据标准化是非常重要的,这是工业大数据后续能够发挥价值的基础。

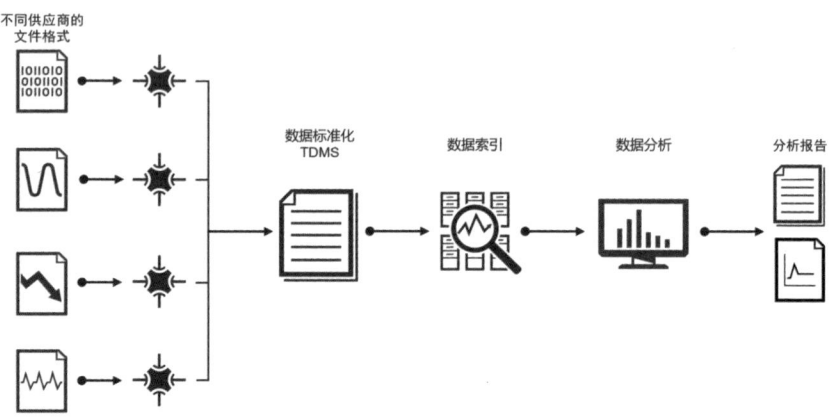

图 7　企业数据标准化自动化

9　机器学习

机器学习该做什么？如何做？能解决什么问题？图 8 总结了机器学习的五个通用步骤。首先，基础是要有可靠的工业大数据，数据可以来自传感器或数据库 / 公有云的存储空间；然后进行特征提取和降维，对原始信号进行信号处理，提取出能够有代表意义的特征向量；最后是模型训练、验证和部署。特征向量提取了以后，到底哪些向量适用于后续的模型建模？如果有专家经验，例如，知道某个频率范围的幅值与轴承的故障相关，就可以直接选择该特征；如不具备这样的专业背景知识，机器学习中自动降维的算法也能够自动地筛选出与想要解决的问题最相关的特征向量。

技术与评价

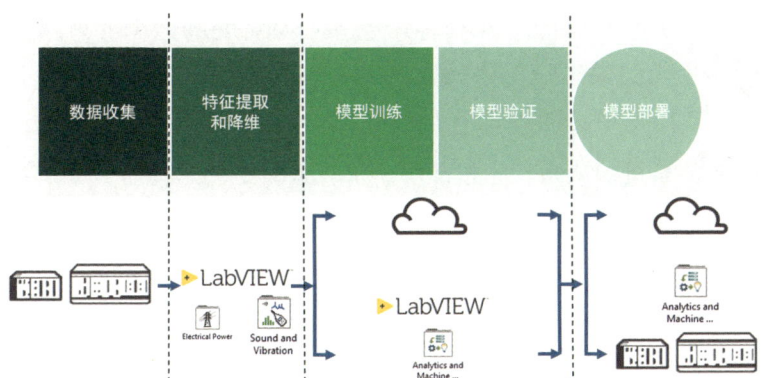

图 8 NI 平台助力机器学习在工业大数据应用的创新

从机器学习理论知识的角度来说，首先要分清楚聚类、分类、异常检测及回归的区别。聚类在机器学习里通常称为无监督学习，无监督学习意味着历史数据并没有标签，在工程实践中如果拿到一堆没有标签的历史数据，聚类的算法可以方便地做多维信号工作模式的分离，不同的工况通过聚类可以自动地把多维信号分离出来。分类算法通常称为有监督学习，意味着历史数据有标签，通过分类算法训练建立模型以后，模型能够返回一个概率值，判断新输入的信号与过去哪个类别最相近，这在工程界通常用作故障诊断。异常检测归根到底也是一种无监督学习，是多维信号的智能预警过程。通过历史数据建立一个基准模型，对于新输入的多维信号，能够返回一个与基准模型偏离的量化指标，这个指标可以作为健康指数的概念。

机器学习的本质是纯数据驱动，数据驱动的本质就是要根据历史上发生过的事情，判断新的现象跟过去哪个现象相似，所以历史数据的质量决定最终能达到的效果。如果有的设备非常昂贵，从未发生过故障，那么收集到的永远是健康的数据，这个时候就没有办法通过数据驱动的方式建立故障诊断的模型；只有数据积累得足够多，并且有故障数据，才能进一步演化提升到故障诊断模型。而寿命预测是预测性维护的终极目标，这不仅仅是数据驱动的问题，通常还要结合现场专家的经验和失效物理模型等来进行综合的判断。对于工业物联网中的预测性维护应用，数据驱动只有与多种方式相结合，才能达到最佳的效果。

模型验证需要将已有的历史数据分成训练数据和测试数据，用训练好的模型和测试数据来测试，根据指标来评估模型到底可不可以接受，是不是需要调整参数，甚至是不是要换一种机器学习的算法等。

关于机器学习的建议：机器学习并不是万能的，它只是解决工程问题的一种方式，现在更成功的方式是数据驱动与领域内专家经验相结合的方式；机器学习本身的算法求解过程是迭代的过程，整个方法论也是迭代的过程，需要有不停的尝试和算法求解过程，甚至可能要尝试采集不同的信号、不同的特征提取算法等，才能最终解决工程问题。

10 行业案例

预测性维护应用场景可以被认为是工业物联网落地的最短路径。设备物联目前在钢铁业、化工、船舶、制造等产业的重要项目上均有广泛应用。在某钢铁集团中,90%的重要粗轧机、钢板轧机均已安装相关的在线监测与预测性维护系统(图9和图10),涵盖钢铁生产的多个重要环节如原料、炼铁、炼钢等,企业因此成功提前检出设备的异常失效,避免巨大损失及风险发生,10年来成功帮助客户将意外停机时间减少了97%。

通过设备物联及搭配的智能检测分析模块,可以有效协助工厂提前检出设备潜在失效模式,结合智慧平台的合理维护决策,达成稳定生产的目的及降低维护成本的目标。

图9 钢铁在线监测与预测性维护方案1

图 10　钢铁在线监测与预测性维护方案 2

工业大数据应用的实践与认识

郭朝晖

上海优也信息科技有限公司首席科学家

1 数字化时代的机会

《吕氏春秋》中有一段话：审堂下之阴，而知日月之行，阴阳之变；见瓶水之冰，而知天下之寒，鱼鳖之藏也。这段话告诉我们：知识到底是什么。知识，其实是信息之间的联系，让人们能够通过一部分信息来获得另外一部分信息。如从"堂下之阴"到"日月之行，阴阳之变"；从"瓶水之冰"到"天下之寒，鱼鳖之藏"。

DLKW 体系的理论就是这样的观点：知识是信息的关联（图1）。

图 1　DIKW 体系

知识有很多种。科学知识是因果知识。例如,已知物体的质量和它的受力,就能够求得加速度大小。但是除了科学知识外,人类还有两种特别重要的知识:感性知识和相关性知识。人们看到某个图像信息后,就知道这是一朵玫瑰花,把图像信息与"玫瑰花"的文字信息关联起来,就是一种概念性知识。相关性知识也是一种关联,如张三喜欢吃萝卜,这个知识没有因果,但是有关联。

在日常生活中这两种知识都十分重要。过去,计算机很难处理这两种知识。比如说图像处理,程序难以从图像中获得表示其为"玫瑰"的信息,也难以从科学原理推理出张三喜欢吃萝卜。但是,在大数据时代,计算机具有了处理感性知识的技术和能力。无法通过推理得到的相关知识也可以通过数据分析得到，这就是大数据时代。这个时代让计算机掌握的知识更加完整，带动人类社会进入智能时代。

工业大数据与普通大数据不同。工业界对确定性要求非常高，希望获得真正的因果知识。但是一般来说，单纯的数据分析只能获得相关性，无法得到真正的因果。笔者的观点是：工业大数据分析工作，不要止步于相关，但不要纠结于因果。我们可以从数据中发现相关性，用人类的科学知识保证因果关系。

换句话说，工业大数据分析可从相关性开始，经过人的加工和确认得到因果关系并应用于工业中。这里需要用到数据，但也要用到数据之外的知识。

西方有句名言："世界上有三种谎言——谎言、弥天大谎和统计学。"但是从数据看问题，经常会得到一些错误的结果。这在工业界尤其司空见惯。在数据分析过程中，要得到可靠的结论，首先要求能够被解释，其次能够从多个角度论证。一个结论若能被多个互相独立的证据论证，这个结论就会逐渐变得严密可靠。

对于工业大数据的应用者来说，不应该过分强调数的"大"，这是因为遇到数据量大的困难，可以请专业的公司来解决。对使用者来说，应该关心怎么从数据获得知识、应用知识，进而创造价值。对应用者来说，"数据大"是件好事情。根据经验，数据分析和应用的关键在于数据质量。数据大了以后，更容易让数据质量提高，这就是大数据的意义所在。

我们把工业大数据的应用分为三个层次：

第一个层次是获得知识。这是属于数据分析师的职责。

第二个层次是管理和运营。这个层次主要是把管理者和专业技术人员的思想和知识转化成计算机可以用的数字化知识，可以称为工业智能。

第三个层次是决策者关注的企业战略和业务转型。这种应用工作的关键是梳理和重构业务逻辑，具体的、与IT相关的技术工作一般可以交给专业公司解决。

这三个层次所对应的人员面临的问题不同，不应该混淆在一起。对于第一层次大体上可以分成数据分析、数据建模两类，是由数据科学家主导，体现数据科学家专业水平。第二层次是有关企业管理与运营的问题，用数字化的方法定义并解决企业面临的业务问题，由管理者或者专业技术领域专家主导。第三层次是有关企业战略与转型、业务创新的问题，使用数字化条件对企业的业务和经营进行重构式创新，由企业家或者高管主导。

2 典型的技术问题：分析与建模

数据分析与建模都是从数据中获得知识：一个是根据原因找结果，一个是根据结果找原因。工业大数据有个标准流程CRISP-DM（图2），但用在实际的工业分析上，效率往往非常低下。

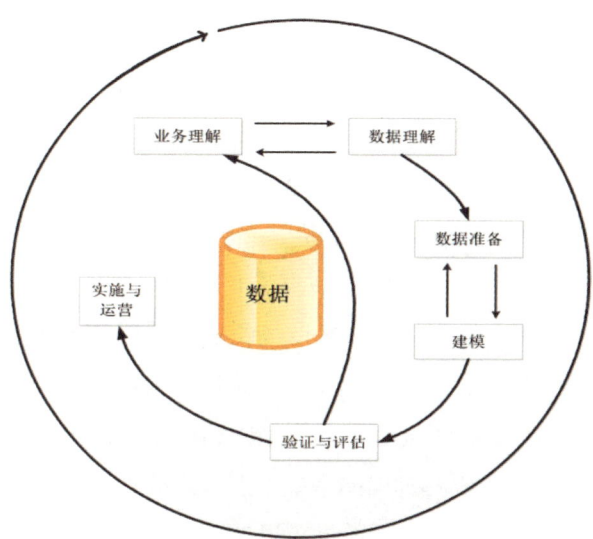

图 2　跨行业数据挖掘标准流程 CRISP-DM

工业对象，尤其是工厂级的对象，是一个高度复杂的大系统，深入掌握工业过程的原理需要花费很长时间。此后，几乎每一步的分析工作完成之后都可能出现反复。验证评估之后可能出现大的反复，导致功亏一篑、从头再来。无效反复多的原因之一是问题分解错误或者定义不当。从某种意义上说，数据分析是一种探索活动，探索不可能完全避免无效活动，但是需要减少无效活动。

与其他行业大数据分析比，工业大数据分析建模还有两个难点：

首先是目标要求高。分析结果必须在某些方面超越人的认知，否则就是无用的知识。而工业人对工业本身的理解本来就是比较高的。分析结果必须正确可靠，否则会误导后续的工作。

其次是数据分析条件差。问题复杂且影响因素往往数以千计，数据质量差，数据条件不理想是一种常态。

工业过程一般都有机理模型，缺少的是必要的参数。为此，只能借助于可以得到的数据进行建模。所谓的建模条件，就是能够用哪些数据。在一定的场景下，选用的这些数据与机理模型中的参数有一定的相关性，但是相关性的大小、适用的场景都是相对的。因此，数据模型的精度不可能无限高。

另外，在理想的机理模型中，模型正确性、精度、有效范围三个特点本质上是一致的，可以通过一个指标来保证另外的指标。但是，数据建模的时候，这三者的关系决定于选用的数据，往往是不一致的，因为有些关联关系只在特定条件下适用。

传统的数理统计是非常好的办法，有坚实的理论基础，但是这个方法的应用是有条件的，而现实中的数据分析往往不能满足这些条件。我们的办法是：如果条件不满足，就要通过数据的选取来创造条件。

进入大数据时代，我们还可能具备过去不具备的条件。

几十年前人们就提出了近邻算法、基于案例推理等方法。这些方法很好，但数据条件不理想时就难以取得好的结果。在大数据背景下，可以使用这些简单的办法解决复杂的问题。比如，在大数据背景下可以收集到足够多的案例，只要案例足够多，就可以找到能借鉴的先例。

大数据时代，有利于设备生产企业向服务转型。

例如，在设备故障诊断上存在优势。传统的设备诊断往往针对一台设备，因为许多设备出现故障的概率很低、周期很长。如果通过一次故障掌握知识、在第二次故障中应用，那么第二次出现故障时，机器可能已经报废，知识也就没用了。

如今的情况发生了极大的变化。互联网可以连着成千上万台同类的机器。某个设备出现的问题、积累的数据和知识，可以用在其他的设备上，某台设备出现的问题很可能在其他设备上也出现过，这就是大数据对于设备诊断的优势。

按照这个逻辑，工业大数据还可以用于生产过程的优化。遇到一个技术问题，可以从数据库中去寻找历史上出现的成功案例。当然，世界上没有两片完全一样的叶子，遇到的问题也有所差异。遇到这种情况时，可以建立另外一个微调模型（图3），以便于在学习经验的同时也可以对差异进行校正。

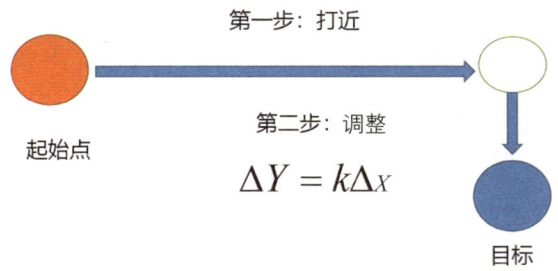

图3　模型微调

这时的控制策略就像打高尔夫球：第一杆先打到近处，第二杆、第三杆再进行微调。第一杆是大数据的方法，根据经验找到一个近似解，解决非线性复杂问题；后面往往是普通的线性建模，解决校正出的差异。

3 直面价值的应用：战略与管理

大数据时代会带来企业业务的再造。

对于企业来说，如何迎接大数据所带来的数字化转型？这里涉及两个步骤：一是从企业自身业务活动中找到问题和切入点，二是用智能化技术解决这些问题。

如何寻找价值点呢？从技术能力上看，数字化能够重新定义管理和控制的关系，从而提升企业的管理水平。管理上的问题往往是隐藏的，因为处于个人或者部门利益的考虑，人们一般不愿意把问题归结到管理上。事实上，一旦管理的问题暴露出来，问题可能就会消失了。这就是数字化转型的切入口。

数字化转型解决管理问题分为四步：

第一步是解决数字化问题，用数据来表征生产经营的过程。这是最基础的工作。

第二步是做到可追溯。也就是用数字化的方式把生产经营活动记录并保存下来，这样出现管理问题时，就能够找到问题的根源和责任方。

第三步是透明化。面对海量的数据，人类的处理能力是有限的,需要让机器自动地识别和处理问题,避免管理者淹没在数据的海洋中。

第四步是智能化。有些工作可以让机器代替人完成,这样自然就减少了人参与而带来的管理问题。

在自动化的基础之上,许多管理问题可以变成管控一体的问题,甚至是自动控制问题,如钢铁厂的能源管控问题。钢厂一般占地20～30平方千米,涉及成百上千的设备,这些设备会产生或使用能源。在这个过程中,煤气等能源介质的产用需要动态平衡,管理过程极其复杂。但是,通过互联网、大数据技术的应用,就能够对这些设备实现智能管控。

PDCA、6-Sigma、精益等方法都是工业领域传统的有效管理做法。现在,这些方法可以和数字化手段进行深度结合。具体的做法就是把人的知识沉淀到一个平台上,并与管控过程结合起来。通过这种形式的持续改进,实现工厂的数字化转型。日本的 IVRA 模型就体现了这样的一种思想(图4)。

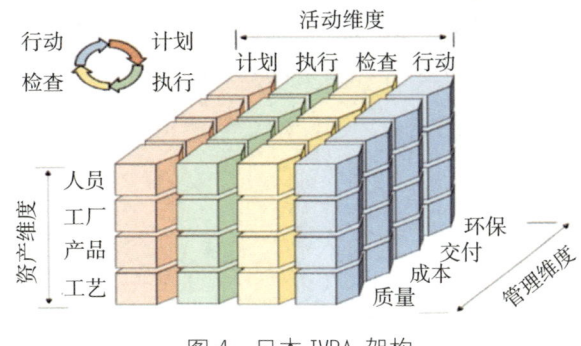

图 4　日本 IVRA 架构

4 结束语：基础不牢，地动山摇

最后，还需要特别关注以下几个方面的问题：

第一，奠定基础。工业大数据分析与应用的成败决定于数据质量。数据质量不好，谈应用就没有意义。同时还要认识到：数据条件不理想是一种常态，分析水平就体现在数据不理想时如何处置。为此，要善于利用间接数据、人类知识和非数字化信息。数据本身的管理也是非常重要的。我们可能需要一部分数据用来观察和判断数据本身是不是有效。

第二，要保证数据本身的因果性。保证数据本身的因果性是最基础的条件。比如，数据之间的对应要准确，不要把生产 A 产品的工艺参数与 B 产品的质量对应。此外，对应精度要准确。如果问题发生的时间周期是秒级的，数据的存储就不能是分钟级的。还要注意时钟的一致性，数据采集的时间必须有统一的时钟。

第三，要有战略眼光。数字化转型是一个漫长、持续改进和知识沉淀的过程，要为这个过程做好技术和组织上的准备。

第四，回归现实。资源永远是有限的。现实当中没有无限的数据传送和存储能力，遇到现实问题，要学会权衡。

知识图谱赋能工业智能化

于 政
明略科学院信息检索实验室负责人
公共服务事业群算法中心负责人

1 知识图谱概览

1.1 知识图谱定义

图 1 为 Gartner 在 2019 年统计的前沿技术趋势，可以看到知识图谱目前处在一个快速发展期，到达顶峰至少还有 5～10 年。知识图谱在工业领域和学术领域都是一个非常热门的方向，发挥着越来越重要的作用。我们可以简单地认为，知识图谱是描述真实世界存在的实体以及这些实体之间的关系。知识图谱是通过语义关系将实体进行关联的，这些实体都是具有现

转型：智能制造的新基建时代

实的物理存在意义的，比如可以把公司的人物、设备或具体的一家公司的各种产品等看作实体。这些实体间具有某种天然的关系，如公司与员工之间的雇佣关系，以及产品与公司之间具有使用关系和生产关系等。实体及实体间的关系便形成了一张知识图谱。

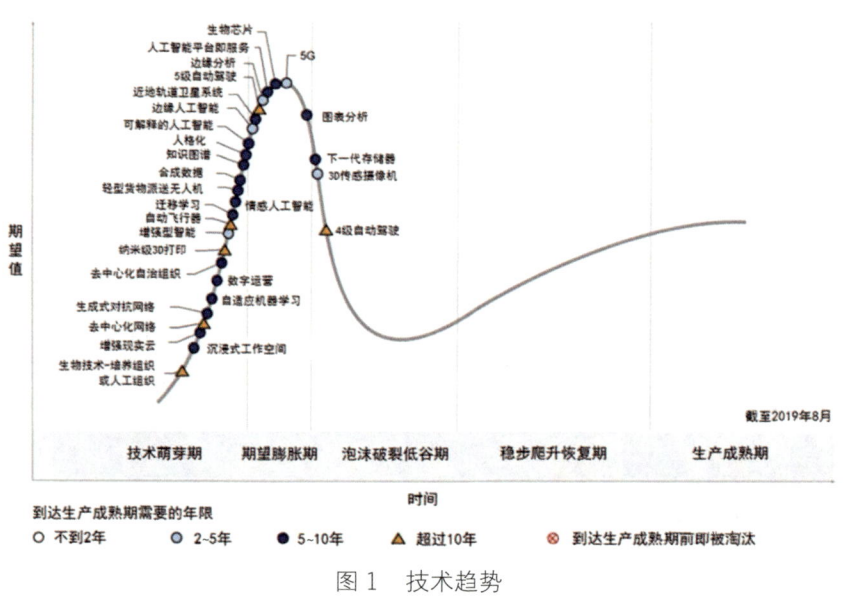

图1　技术趋势

1.2　知识图谱的本质

从学术角度来看，知识图谱是一种语义网络，是大数据和人工智能时代知识表示的重要方式之一；从技术角度来看，知识图谱是一种技术体系，它是大数据与人工智能时代共同推动的、具有代表性的一个技术进展。

我们可以从以下五方面来分析知识图谱的本质：

从网络的视角来看，知识图谱的构建如同建立文本之间的超链接一样，建立数据之间的语义链接，并且支持语义搜索。

从自然语言处理的视角来看，知识图谱做的最重要的一件事情就是从文本中抽取结构化的语义知识，尤其是面向非结构化的文本数据。众所周知，当面对非结化文本数据时，知识图谱构建最关键的一个步骤就是如何从中抽取实体及其之间的关系，这也是最核心、最具有挑战的过程。

从知识表示的视角来看，知识图谱是利用计算机符号来表示和处理知识。

从人工智能的视角来看，知识图谱是探索怎样利用知识库来辅助理解人的语言，如目前存在的基于知识图谱的智能问答，以及互联网搜索引擎的背后也有知识库做支撑，并且知识图谱能够帮助搜索引擎来理解搜索的内容。

从数据库的视角来看，知识图谱就是如何用图的方式去存储知识，而不是用传统的关系数据库去存储知识。

总结起来，要做好知识图谱需要兼容并蓄，综合利用知识表示、自然语言处理、机器学习、数据库等各方面的方法和技术。

1.3 知识图谱的优势

可以从以下五个方面来描述知识图谱的优势：

优势一是不同于传统的关系数据库由多张数据关系表形成，知识图谱是由一张图来构建，且这张图可以无限扩展。

当关系型数据库规模较大时，复杂的查询需要对表做大量的连接运算，这个过程是非常复杂、耗时的。但是使用知识图谱的话，通过天然的图表结构可以快速做广度或者深度搜索，这也就带来了知识图谱第二和第三个优势，即可以进行广度分析和深度分析。

知识图谱第四个优势是它具有可解释性，能够解释世界，易于理解。工业中很多的模型不光要一个结果，还要求这个过程与结果是可解释的，这就需要在构建机器学习模型的时候考虑这一点。而知识图谱所见即所得，其本身就是描述真实物理世界的实体与实体之间的语义关系。所以可以说知识图谱的可解释性是具有天然优势的。

知识图谱的第五个优势是其可以用知识来弥补数据的不足。工业领域面临的很大问题就是脏数据或故障数据非常少，若从先前积累的各种数据中抽取相关的知识构建领域模型或者知识模型，可以减少数据的数量，这也是知识图谱的优势。知识图谱使知识推理变成可能，这也是它具有可解释性的重要体现之一。

1.4 知识图谱的推理

知识图谱是通往人工智能的必经之路，因为它的推理是人工智能的一个关键点。图 2 所示的知识图谱里面有人物、地理位置、建筑物、名胜古迹等,通过这张图可以提出以下两个问题。

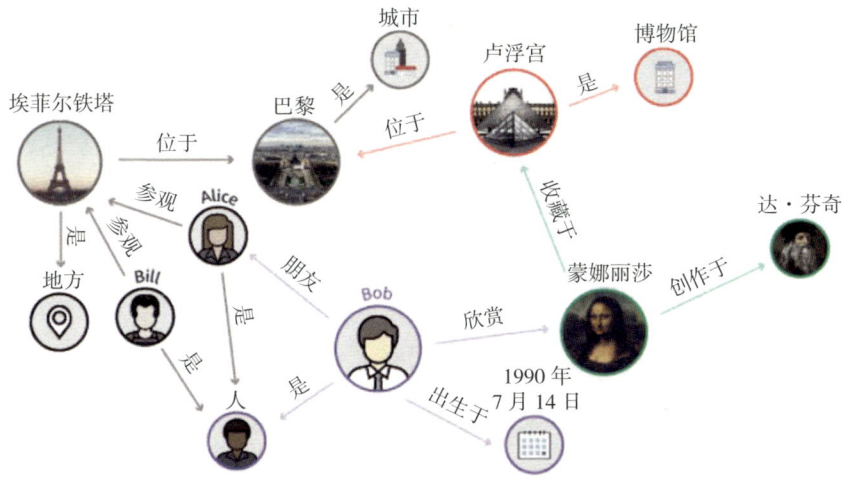

图 2　知识图谱的推理

第一个问题是 Bob 为什么想去巴黎。通过图 2 可以首先找到 Bob,然后能发现 Bob 对蒙娜丽莎感兴趣,而蒙娜丽莎位于卢浮宫,卢浮宫又在巴黎。通过这个语义搜索过程,可以推理出 Bob 去巴黎的原因是他想去巴黎卢浮宫看蒙娜丽莎。

第二个问题是如果去了巴黎,Bob 会去哪儿。再次通过这个语义搜索,发现这么一条语义路径:Bob 有一个朋友是 Alice,Alice 去过埃菲尔铁塔。恰好埃菲尔铁塔也在巴黎,所以也有理由相信 Bob 去巴黎之后会去看埃菲尔铁塔，因为他有一个好朋友 Alice 之前去过，Alice 可能推荐 Bob 去埃菲尔铁塔。

通过这个例子可以看出，知识图谱实际上是可以进行语义推理的，帮助人们去解决一些推理性问题。

1.5 知识图谱的应用场景

如图 3 所示，下面两层是知识图谱的基本构建过程，从多源异构数据整合、知识图谱构建与赋能，再到顶层的应用场景。知识图谱比较适合的应用场景包括图数据挖掘、路径分析、关联分析以及以知识图谱形式进行可视化，进行推理与智能分析等。

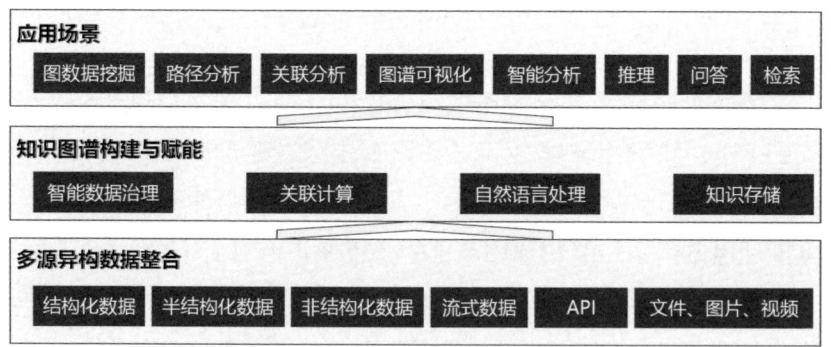

图 3　知识图谱的应用场景

2 行业知识图谱构建的关键技术

知识图谱构建是一个比较有挑战，且工作量比较大的工程。知识图谱质量的高低直接决定了对上层应用赋能的效果。而聚焦于行业时，可以把这个行业的知识或知识图谱建设的范围进行一定的限制，这样可以在一定程度上保证知识图谱的质量，也可以保证知识图谱对上层赋能的效果。

图 4 是面向行业知识图谱构建的流程图。当然这个流程图主要是面向于非结构化的、多源异构的数据。如果是结构化

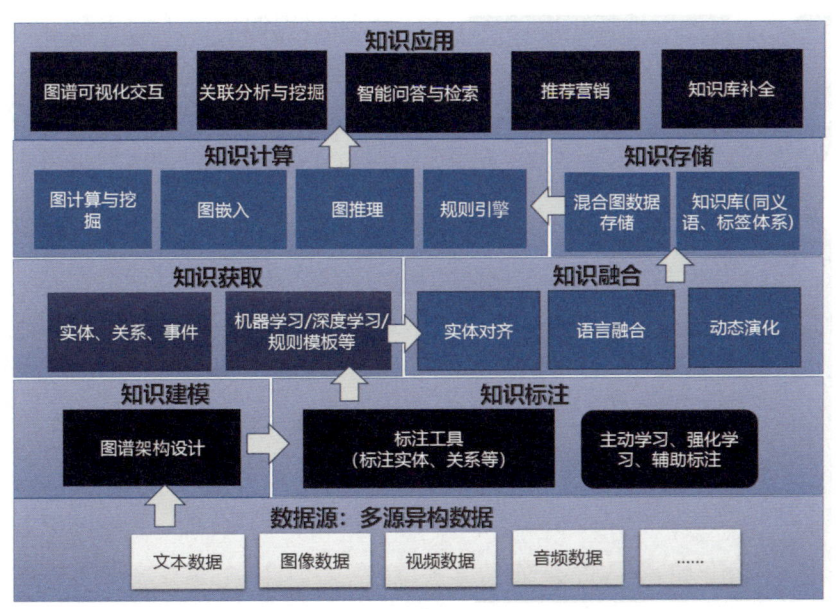

图 4　知识图谱构建流程图

数据（如关系数据库）或半结构化数据（如互联网上的一些表格等），则可以用其他的一些方法来进行图谱构建，不一定严格按照知识标注、知识获取等相关步骤。这个流程图主要聚焦在非结构化数据构建知识图谱，数据源包括文本数据、图像数据、视频数据和音频数据。

行业知识图谱的构建技术包括：

第一步是根据业务需求进行图谱构架设计，也就是知识的建模。图谱构架设计包括图谱里面需要包含哪些实体、这些实体之间的层级结构以及实体与实体之间的关系。

第二步是知识标注，这是数据治理的一个关键步骤。利用专业的标注工具对实体、关系和属性进行标注。在标注过程中，可以利用一些方法来加速这个过程，比如说引入主动学习和强化学习等机器学习方法加快标注的结果，且底层的机器学习模型在不断迭代学习、优化知识抽取的效果。学习后的模型可以对部分数据进行预标注，标注人员只需要对这些数据进行修正或小规模修改。所以说这是一个不断迭代优化、不断加速标注的过程。

第三步是利用这些标注数据作为训练数据，进行相关模型的训练，即对实体、关系和事件进行模型训练。

第四步是知识融合，即对实体进行对齐，把表达不同但语义相同的实体进行聚合。

第五步是知识存储。知识图谱一个典型的存储形式是图数据库，或者是以属性图的形式进行存储。但是实际在大部分场景下，尤其在工业应用场景下，经常采用混合图数据库，针对不同的数据而采取不同的存储方式来进行存储。比如说，知识图谱用图数据库存储，其他数据以文件形式或者以关系数据库的形式进行存储，这也是在实际工业领域做落地的产品或项目的时候采取的一种常规方法。

最后两步分别是知识计算和知识应用。知识计算主要是为上层的知识应用提供基础服务。知识计算可在知识图谱上作图计算、图挖掘、图嵌入、图推理以及在图上做一些规则引擎等，来支撑上层的可视化的交互、关联的分析与挖掘、智能问答与检索、推荐营销以及相关的知识库补全等。

下面通过电力知识图谱构建案例来展示行业知识图谱的构建过程。

第一步要确定知识图谱的构架。知识图谱的构架需要依托于业务需求、产品需求及现有的数据特点进行设计。不同的业务需求、不同的数据特点可以设计出不同的知识图谱，但是可以寻求一个平衡。知识图谱可以设计的非常复杂，也可以设计得相对简单一些，复杂的程度是和业务需求息息相关的。如果业务的一期、二期或者在产品的功能需求范围里，知识图谱构架是能够满足的，那么知识图谱不需要一开始就设计得非常复杂，因为复杂的知识图谱对后面的标注或模型抽取带来的难度和工作量都是非常大的。因此，知识图谱的构架设计一定要围绕业务的需求和现有数据的特点来进行。设计的原则有：业务原则；分析原则；效率原则，即达到效果与工作量的平衡；冗余原则，因为知识图谱随着业务系统与数据的发展，会有一些新的或者短期内可能没有用到的构架、实体和语义关系，这个时候可以适当地做一些冗余。

第二步是数据的治理，即针对不同类型的数据采取一些数据预处理、知识抽取的技术。面对非结构化数据，主要是利用深度学习，而这个方法对标注工作量和算法模型要求是很高的；对于半结构化的数据，如 Excel 或网页版的表格等，可以采用包容器的方法去做；对于结构化数据，基本上是从关系数据库里面对结构化的表进行转化，通过一个图映射就可以形成知识图谱。知识图谱一般情况下以 RDF 三元组、属性图、多元组事件和时序信息进行表示。在数据治理到知识抽取的中间过程需要对数据进行标注。首先要有标注需求，当然大部分情况下标注需求也不是一开始就能完全确定的，这也是一个迭代过程，也是根据业务与数据的特点进行需求的制定。有了需求之后就要进行标注的规范，拿标准规范进行团队的试标、培训，再进入实质标注工作，最后做审核校验，这就实现了数据的标注。而标注好的数据为知识抽取提供了一个良好的数据质量的保证。图 5 所示为针对电力输电线路做知识标注的过程，其中绿色方框为标注的实体。知识抽取最关键的一环就是命名实体识别（named entity recognition，NER）。NER 就是识别出实体之后，再去做实体和实体之间关系的识别。知识抽取中 NER 模型一般可以采用 BILSTM-CRF 等深度学习网络模型。

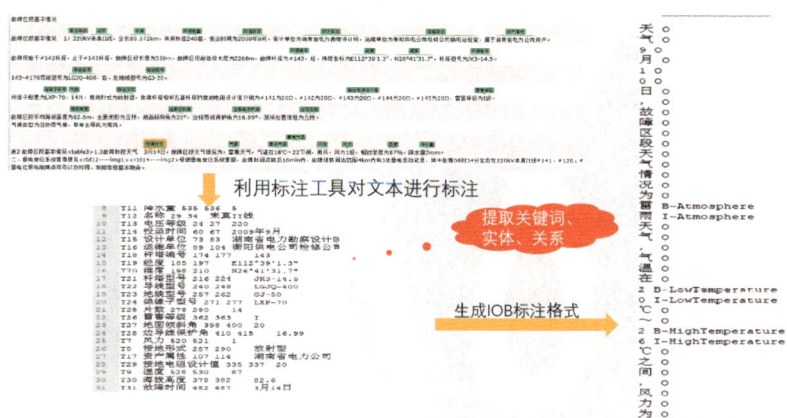

图 5　电力输电线路的知识标注

图 6 所示为通过关系数据库中的结构化数据最终形成以图数据库的形式进行存储的一张知识图谱。基于构建的电力线路知识图谱进一步构建了一个智能问答应用，应用的基本功能有：

一、多轮对话。顾名思义，就是机器和人之间可以就一个主题进行多轮对话、交流，或者说可以利用上下文的信息进行问题的补充和问题的追问，进而找到相关答案的对话。

二、多模态数据交互。知识图谱融合了多源异构的文本、声音和图像，可以以问题的形式对其检索和答案推送。

三、故障历史的查询。把故障内容进行知识结构化和信息连接，可以挖掘故障模式及分析故障趋势等。

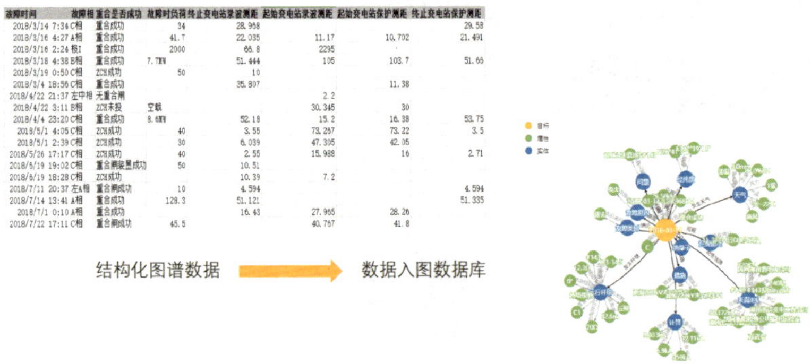

故障时间	故障相	重合是否成功	故障时负荷	终止变电站录波测距	起始变电站录波测距	起始变电站保护测距	终止变电站保护测距
2018/3/14 7:34	C相	重合成功	34	28.968			29.58
2018/3/16 4:27	A相	重合成功	41.7	22.035	11.17	10.702	21.491
2018/3/16 2:24	极I	重合成功	2000	66.8	2295		
2018/3/18 4:38	B相	重合成功	7.7MW	51.444	105	103.7	51.66
2018/3/19 0:50	C相	ZCH成功	50	10			
2018/3/4 18:56	C相	重合成功		35.807		11.38	
2018/4/22 21:37	左中相	无重合闸			2.2		
2018/4/22 3:11	B相	ZCH未投	空载		30.345	30	
2018/4/4 23:20	C相	重合成功	8.6MW	52.18	15.2	16.38	53.75
2018/5/1 4:05	C相	ZCH成功	40	3.55	73.287	73.22	3.5
2018/5/1 2:39	C相	ZCH成功	30	6.039	47.305	42.05	
2018/5/26 17:17	C相	ZCH成功	40	2.55	15.988	16	2.71
2018/6/19 19:02	C相	重合闸装置成功	50	10.51			
2018/6/19 18:28	C相	ZCH成功		10.39	7.2		
2018/7/11 20:37	左A相	重合闸成功	10	4.594			4.594
2018/7/14 13:41	A相	重合成功	128.3	51.121			51.335
2018/7/1 0:10	A相	重合成功		16.43	27.965	28.26	
2018/7/22 17:11	C相	重合闸成功	45.5		40.787	41.8	

图 6　知识储存

3 智能制造知识图谱

本节针对智能制造场景，描述如何以知识图谱去做顶层设计，或者如何把知识图谱的理念和方法融入现有的智能制造体系里面。

制造业数字化转型存在着一些问题，尤其是针对信息化转型的相关问题：

首先，信息孤岛的问题。信息孤岛就是因为系统和系统之间是独立的，很多系统之间没有打通，数据本身分散在各地，并且数据之间没有产生关联，所以信息是难以关联的，进而导致了知识散乱。生产、设计、维保等过程中的数据没有打通，但这些数据实际上是存在各种各样的关联，一旦把这些知识连接起来，就可以从更加宏观或更加全局的角度去考虑一些相关的问题，以前只能局部优化的问题就能做到全局优化的效果。正是因为信息的孤立和知识的散乱，对于企业来说，做决策还是比较原始的，很多情况下都是通过经验，无论是基层的一线员工，还是上层的决策者，都会面临类似的问题。比如说维修工人或检修人员，他们大部分是按照传统经验或自身经验对故障进行研判分析，进而对故障的维修方法进行推荐。但是实际上，企业面临的一个问题就是如何把这种人工经验和维修过程中的数据积累下来，并且能够从中抽取知识并转化成决策系统。因此，利用知识图谱去解决这些相关问题的出发点就是要解决制造业从设计、采购、计划、仓储、生产、销售到售后种种环节面临的信息不足、不智能等问题。

那怎么解决呢？可以把这些行业知识、数据和算法结合到一起，形成知识图谱，使知识做到互联，并且以知识图谱形式符号化，进而利用知识图谱进行预测。比如，可以把检修数据、故障数据、产品数据、质量管理数据以及零部件、账目、生产排期等所有的系统打通，构建一个全生产制造过程的知识图谱。

第一，针对生产过程的几个重要环节构建知识图谱。比如,质量管理知识图谱可以做质量流程管理、质量问题分析、隐患风险推理、预防措施的制定等。以前通过感知计算,如计算机视觉、信号处理、数据分析、机器学习等,可以解决一些相关问题,但是如果融入知识图谱,则可以把这个过程做得更加完善或优化效果更好。

第二,针对服务市场的知识图谱。知识图谱可以做产品信息的问答、产品比对、产品信息溯源、售后维修方案的推荐等。

第三,针对生产过程的知识图谱,可以做缺料分析、工序齐套分析、生产工序的调度与分析等。

第四,针对供应链的知识图谱,利用知识图谱可以做供应商的比对、供应商风险管理、采购计划的预测与优化等。

总而言之,知识图谱在质量管理、后服务市场、生产设计、供应链等相关环节都可以发挥相关作用。举例来说,在质量知识图谱里可以构建一张知识图谱,里面包含人员、设备、材料、方法、环境等,然后利用这个图算法进行因素对产品质量的路径影响的分析,这就是利用图计算相关方法帮助还原质量问题的现状、现物和现场,实现质量问题的快速定位和更新发现;针对后服务市场的知识图谱可以去做维修方案推荐,构建的图谱就包含产品、故障、故障现象、维修方法和维修结果。

图7展现了如何把知识图谱与设备故障预测与健康管理

（prognostics health management，PHM）联系，现在在工业生产制造，尤其是机械生产、轨道交通等行业，面临的一个很大问题就是如何做好 PHM。而知识图谱可以与传统的 PHM 模型结合，形成相关的设备监控检修的闭环。从数据出发可以做数据的集中管理，如设备监控数据、振动数据、生产管理数据、工况数据等，利用 PHM 模型去做监控数据告警、设备故障预警和诊断，有了预警和诊断之后就可以做失效原因的分析。后面这两个环节可以引入以知识为主导的知识图谱进行相关的指导与推荐。具体来说，就是把感知计算与认知计算打通。感知计算是计算机视觉、信号处理、数据挖掘分析等相关技术。认知计算是指与行业知识图谱（如设备知识图谱、服装知识图谱等）相结合，形成从设备状态监测、故障预警识别、知识检索发现、原因定位、方案推荐、检修反馈的整个闭环。

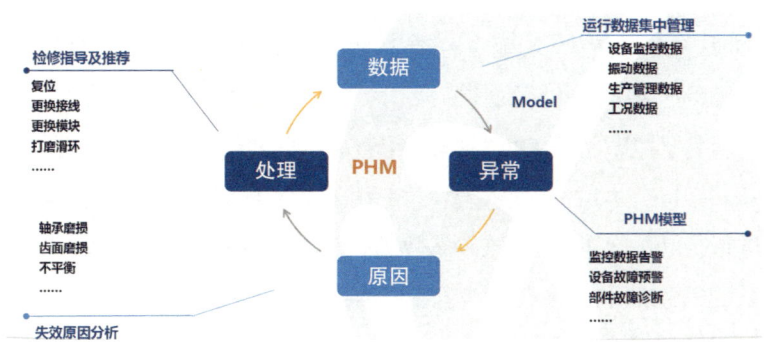

图 7　PHM ＋知识图谱

4 工业知识图谱应用案例

4.1 汽车故障智能诊断的知识图谱

汽车生产主机厂在售后服务中主要有三个问题：

第一是效率问题，主要是维修的支撑问题。汽车厂希望把同类问题通过快速解决来降低支撑成本，并且希望把具体到每一个维修工人的维修经验进行汇总，将其统一固化成一个维修的质量知识图谱，通过不断迭代优化，就像滚雪球一样越滚越大，从而带来效率的提升。

第二是如何提前发现问题。现有车联网通过车内各种相关的传感器能够做到可视化，使厂商了解全国车辆整体状况，但是缺失对车辆状况的快速响应，厂家希望能够支持自定义地设置阈值等方法进行监控预警。

第三是专业支持程度不够。厂家希望把相关的各个系统（如法务、质检等系统）打通，支持线上分析，帮助监督检查经销商上报的质量问题。

针对以上问题，通过自然语言处理（natural language processing，NLP）、深度学习相关技术对4S店上传的维修工单进行分析，实现对零部件、故障、工况、维修方法等实体和关系的信息抽取，并构建汽车故障维修知识图谱。有了汽车故障知识图谱之后，就可以在知识图谱上构建各种应用，如在语义检索方向或问题分类预测上展开一些相关的应用开发，最终实

技术与评价

现基于知识图谱归纳总结案例问题与维修经验，并且通过图计算实现故障模式的挖掘与识别，解决厂家的三个痛点。

图 8 为针对汽车维修故障做的一个图谱构架设计。这里展现了图谱构架的一个原型，实体关系并没有完全展现出来，只列举了一部分。针对 4S 店收集上来的维修工单，可以从中抽取以下相关的实体，如检修方法、失效模式、故障工况、故障程度、发生方位、故障灯和故障码等，然后定义实体和

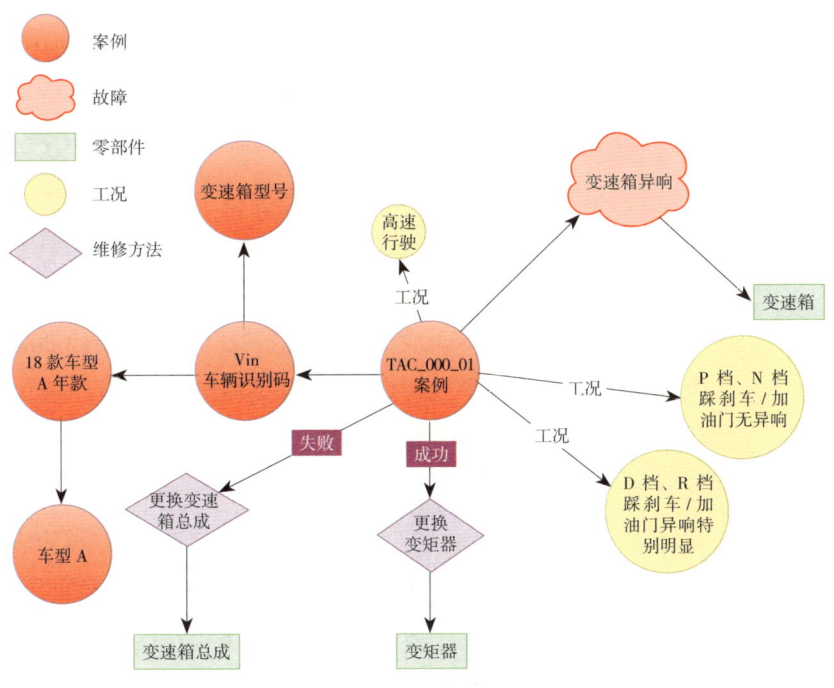

图 8　汽车故障维修知识图谱

151

实体之间的语义关系，最终目标是针对每一个维修案例能够做到自动化的知识结构化或者自动的知识抽取。在此案例中，拆分出来相关的案例编号、发动机号、机架号、失效模式和检修方法（检修方法会带有成功或失败标志），以及一些相关的故障码等。每一个案例都可以利用知识抽取的技术形成一张单一的知识图谱。通过相同的实体把每一个维修工单的小知识图谱串联起来形成一张大的知识图谱，进而在这张大的知识图谱上做相关的语义挖掘和统计分析，这就可以支撑上层的各种应用。

在对实体进行描述的过程中存在同源异构的问题，需要实体对齐。例如，在知识谱图上，有一个加速无力的实体，但在实际的维修工单里可以看到不同的维修工人给出的说法不一样，或者对于同一种描述，不同的人在做记录的时候比较随意，不一定按照官方给的标准说法进行记录。如加速无力可以表述为不给油、车辆跑不动或提不起速度等；对于异响标准的失效模式，说法就更多了，因为很多人都喜欢用拟声词来描述它，如嗒嗒异响、咕咚响、嗡嗡响等；对于车速，也有各种描述车速和相关的工况的说法。

对于实体对齐，很多主机厂现有检索系统中相关语义检索算法能力比较弱，像售后技术支持工程师做语义检索的时候需要自己去总结各种不同的说法，然后把不同的说法输入检索系统，并结合系统返回的结果，再做人工的总结。总结相似案例的故障模式、方法过程是非常复杂的，或者说是非常无聊的过程。有了知识图谱和实体对齐技术，只需要输入一个加速无力的标准说法，就可以自动把相关说法和相关案例进行总结分析，然后推荐知识给售后技术支持工程师，这样能大大降低搜索成本、提高工作效率。

图 9 是一个简单的图谱检索界面。在做同车型所有故障监测时只需要输入一个车型就好了，知识图谱就会把这个车型所有的历史故障检索出来，当然这个也是后台可设置的，在页面内最多能显示多少个实体、多少种关系可以做限制，因为这张图谱非常大，整个页面显示不完。右侧是针对同一车型不同故障总结的维修方法，每一类维修方法都有很多案例，每一个案例详细的信息都能够展现出来。通过这个方式，可以看到不同

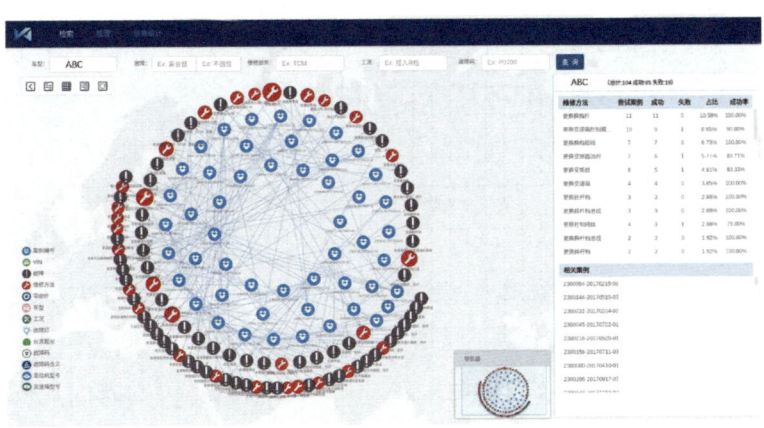

图 9　图谱检索挖掘（同车型所有故障案例）

维修方法成功的案例和失败的案例,能够帮助售后技术支持工程师快速找到靠谱的、成功率高的维修方法,提升检修的效率和效果。

4.2 工业产品的知识图谱

我们为一家全球知名的轴承生产厂商设计了一套知识图谱,目前是对轴承产品的知识服务,具体形式就是知识问答、检索、图谱展示,未来会逐步过渡到智能分析与智能检测。有了产品知识图谱就可以构建产品的失效模式、原因分析、维修推荐等,这与汽车故障维修知识图谱是相同的解决方法。再进一步可以过渡到对轴承生产线进行智能检测,也就是把认知计算与智能检测的过程中的感知计算如次品检测、产线告警进行打通,进而利用知识图谱做次品原因分类分析。利用到的数据会涉及产品的型录数据、维修手册数据、失效分析报告、工单数据、采集的照片、国家相关标准等。

图 10 为针对工业产品构建的知识图谱。以一期轴承产品知识图谱为例,通过智能问答、检索和图谱展示帮助轴承主机厂取得以下效果:一是基于这个产品知识图谱和对话系统能够对外提供轴承产品的问答服务,可以减少客服 30%~50% 的工作量;二是基于产品知识图谱提供一个语义检索,使得内部共同去查询相关产品详情时,查询时间从原先的几分钟缩短到几秒钟;三是人机交互的创新,在知识图

谱上可以进行广度搜索或者深度搜索，也就是说，可以不断地进行研判分析。这是一个动态的过程，而不是像传统的一问一答，传统的答案仅仅是答案，没有其他的外围扩展信息，而这种可视化的、更加友好的知识图谱交互方式能够给予用户更多的扩展信息。

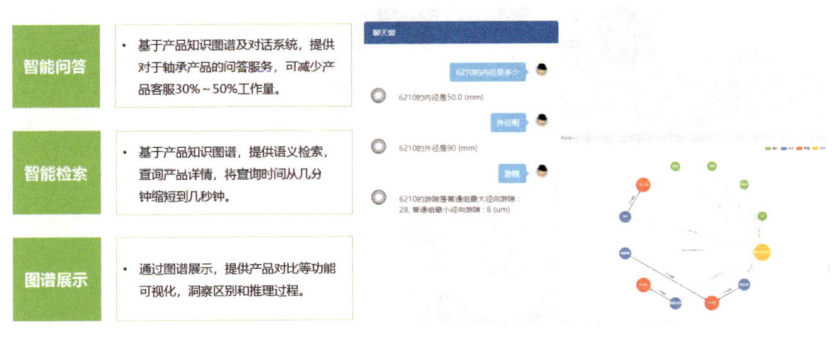

图 10　工业产品构建的知识图谱

图 11 展现了轴承知识图谱构建的基本过程，截取的是真实的轴承情况数据，也就是产品介绍文档。首先根据产品的文档做了图谱构架设计，这是一个完整的构架设计，产品都有一个型号，每个型号有密封件、润滑剂、数字产品等关联关系。有了这个构架就可以训练模型，或者是利用专家规则引擎、模式挖掘等做知识抽取，先做实体抽取，有了实体之后进而做关系抽取，最终形成真实数据的知识图谱。

转型：智能制造的新基建时代

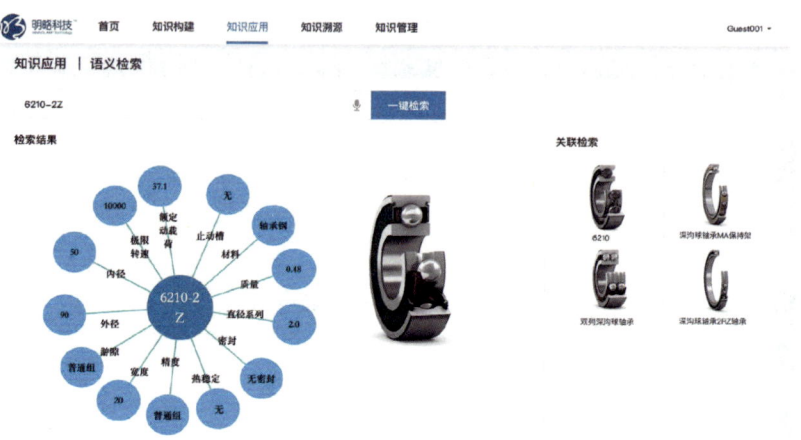

图 11　轴承知识库产品

产品知识图谱的应用具有以下优势：一是语义检索，相比传统的文字版图谱，会以更加友好的方式进行展示，而且融合了图片和关联检索获得的信息；二是知识问答，可以支持多人对话、推理、多模态等功能。如图 12 所示，6202 这一款产品是否能够被 62022 这个子型号的产品代替？这是一个与业务非常相关的问题，对于知识图谱，不建议直接回答"是否能够代替"，而是做了一个折衷的选择，即把它转换成两款产品的比较，做比较会给出相同点和不同点，相同点以绿色来展现，不同点以黄色来展现。

技术与评价

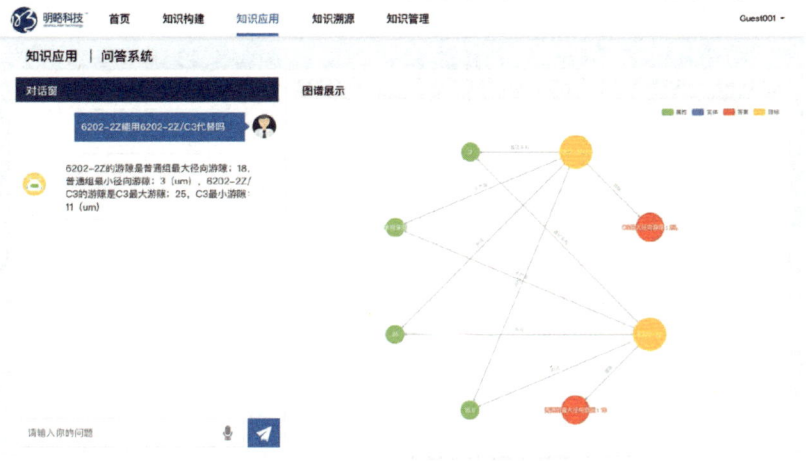

图 12　产品知识图谱（轴承为例）

5　展望

首先是工业信息化的整体架构，整个工业界都在朝着这个方向快速发展。国家提出新基建，而新基建与智能制造关联很多：一是工业互联网，二是人工智能，三是大数据平台，整个工业信息化转型离不开这三个技术体系。工业互联网分四层——边缘层、IaaS层、PaaS层、SaaS层，数据中台打通数据，解决信息孤岛的问题。当然以前的数据库、大数据平台实际上也和数据中台大同小异，或者说大家的核心思想或目标都是一致的，就是要打通数据。当然数据中台不仅仅是解决数据的或数据汇聚的问题，还有一些相关的数据资产、智能化数据治理服务也在其中。有了数据中台之后，就可以在上层做各种智能化的应用，这和人工智能紧密相关，如智能检测、智能生产、智能运维以及基于知识图谱的智能解决方案，因此可以说工业信息化总体的架构与未来发展趋势无非就是聚焦在数据中台、业务中台以及相关的自动化上。

其次是人机协同。目前存在着一个很大的问题就是人与机器如何进行协作，或者说机器如何帮助人类更好地完成一些任务。这不仅仅局限在智能制造或工业生产上，还有应急消防、应急处理、环境探索与服务餐饮等行业。中国企业面临的一个很大问题就是当前中国人口老龄化非常严重。此外，整个生产制造尤其是工业生产的转型逐步面向高端制造，这就涉及很多人与机器协同的问题，这里说的人与机器协作的问题可能是比较广泛意义上的，包括系统间的协同、数据之间的协同。在一个理想的环境下，人与机器都可以看作智能体，多智能体里面人与机器是不分你我的，或者说淡化了现在这种人与机器的角色关系。在这个多智能体环境里，人与机器可以通信协作、机器与机器之间可以通信协作，这是一个最终理想的状态。从技术体系来说，会用到计算机视觉、自然语言处理、自动控制、交互设计、通信、区块链等基础技术。有了这些基础技术，首先要做相关的人机交互，怎么能够做到人与机器更加自然、智能化的交互，这是目前一个非常重要的研究领域和方向。第二个是人在回路（human in the loop），这就是如何让人类的智慧被机器所吸收。举个数据标注的例子，在做图像数据标注、医疗数据标注的时候，每个人对图像和标注理解是不一样的，如何能够把人类的智慧或标注的过程、差异性让机器所识别，进而机器不仅能够基于人的数据、人给它做的标注去训练，还能够把这个智慧反馈给人。如果机器能够学习标注质量高的人的行为，来监督标注质量低的人，然后修正他标注的过程，这个就是人在回路里面要解决的相关问题。第三个是多机协同，我们最终的目的是做到多人多机协同。那现在的问题是怎么做多机协同？多机协同会涉及多智能体系统的强化学习。现在智能家居面临很大的一个问题就是多机智能协同不够。如果我们在一个房间里面安装了多台音响，如果你说一句唤醒的话，这几个智能音响是可以同时唤醒的，这就是没做到智能协同。再如，智能家居里面的智能灯泡，如果你发出声音后几个智能灯泡都会同时亮起来，它不会关心你在什么位置。假设有一个智能灯泡能够监测到你的位置，它可以根据你的位置实时变化，只亮起你附近的灯，这是多人多机协同里面要解决一个问题，即把机器与机器间的协同解决好。

最后是安全可信的问题，不仅智能制造会面临这个问题，整个人工智能发展过程中都会面临这个问题，即如何保护人的隐私安全。我们未来可以得到更多人的数据、机器数据、通信安全数据，可以用区块链或联盟学习，但人工智能的伦理道德肯定会面临问题,这也是在做人机协同系统的时候,在环境、社会、人类的角度将会面临的一些问题。

应用与实践

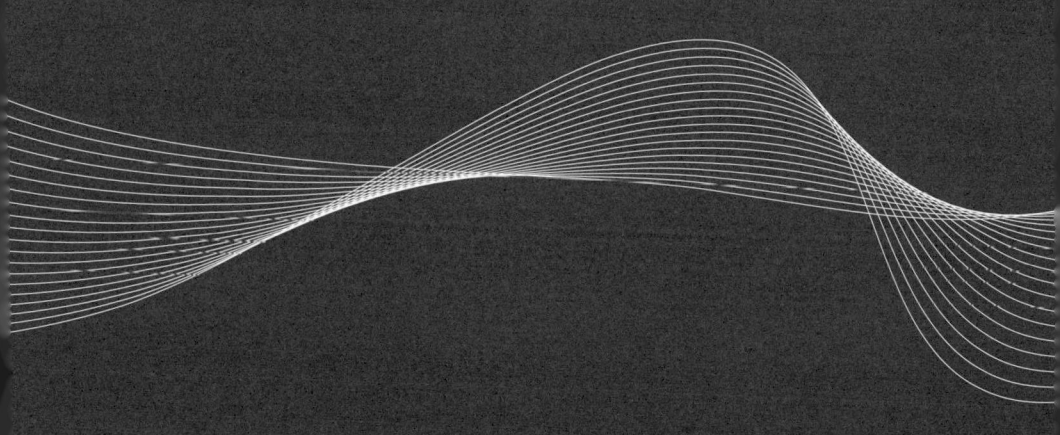

三一重工远程运维系统

袁爱进
三一重工股份有限公司副总裁
三一重机有限公司副总经理

1 EVI 系统介绍

1.1 背景

早期的工程机械在销售的时候存在很多债权问题,因为一个很重要销售方式是按揭付款。客户预付款以后就可以获得机器,预付款往往是整机价格的 25% 左右。我们从 2008—2009 年时开始开发这套系统,最初的目的是协助债权管理,主要是远程锁机和解锁。换句话说,客户如果长期未支付剩余欠款,则关闭机器不让其运行,使用这种办法来管理债权。这套系统已经运行了十多年，遇到了一些问题：一是原来在局域网上运行，运算速度无法提高；二是系统用来管理债权，用户很容易想到如果他把这个系统卸载掉，那就不会被管理了。为了让用户保留这个系统，我们就考虑在系统中增加客户所需要的辅助功能，使用户不会卸载。2018年年底，三一重工把这套系统移到了云平台，使计算能力得到了大大的提升。过去一次通信或一次数据采集需要3分钟，如今则不到7秒钟。由于三一重工现在产量较大，目前已经超过了25万台设备，对运算速度和运算力来说要求很高。到目前为止，这套系统的目的或已实现的就是设备运维和远程监控。虽然现在有很多更大的概念性描述，包括智能决策系统、智能管理系统等说法，但这些说法距离我们还很远，这个系统目前达到的就是远程运维水平。从2018年年底开始有超过20万台设备在运行这个系统，2019年年底达到25万台，所有机器运行都平稳顺利。

1.2 EVI 系统

易维讯（EVI）是前面提到的远程运维系统，远程运维的主要目的是维护。三一重工希望设计一套这样的系统：通过远程操控能够远程快捷地维护系统或设备，就如同工程师在现场一样（图1）。三一重工是把如挖掘机、风机、起重机、旋挖钻机等商业设备互联起来。企业的运行数据互通，通过计算平台、业务平台和可视化平台对数据进行存储、分析和展

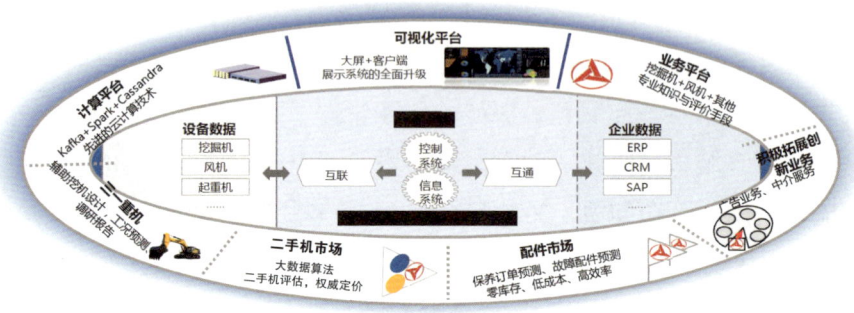

图 1　三一重工 EVI 系统

示。三一重工面向的客户主要为：一是主机厂的工程师，用于优化设备；二是代理商，用于营销管理；三是用户，对设备进行监控。目前，EVI 系统的技术都是分布式技术，采用世界上最先进的开源软件框架，以低价高效的方式来构建。其中，负责计算的是 Spark，运维系统是 DCOS，数据存储使用的是 Cassandra、MangoDB，消息队列使用的是 Kafka。这些构件都是业内比较通用的，而且是开源的。通过一年的实践证明，EVI 系统运行快捷高效。

目前，这套系统管理三一重工的 25 万台挖掘机械和桩工机械设备，支持每年 5 万台设备的增加和 10 万台设备的并发连接。数据处理是从原来的 3 分钟提升到 5 秒钟，甚至在测试阶段可以做到 1 秒钟。EVI 系统可以实现全球设备的实时分布、实时工时的统计、实时活跃度等实时状态的监控。此外，EVI 系统可以实现服务召请，进行服务申请在线统计。最后，还可以通过开工率和工时预测市场趋势。对于拥有很多设备的大客户，三一重工会提供完整的设备管理功能，并可按照机型分时、分区域进行各种统计分析管理，所有的这些统计管理都可以根据自己的权限查看。换句话说，如果客户在这个系统中拥有2台机器，其管理权限就是这2台，如果有100台机器，管理权限就是这100台，目前这些都是免费的。另外，三一重工还有专业的挖掘机营销体制——代理商体制，代理商在销售过程中负责提供服务、预测销售量，代理商卖出去的设备可以在系统中查询和统计。此外，代理商还可能拥有更多权限，如债权管理、解机、锁机等。另外，还有服务网点的动态服务监管（如监视工程师出勤时间）、订单管理等。三一重工面向大客户时，还可以为大客户提供增值性定制化服务。

系统的另一个功能是远程升级维护（图2）。由于中国社会经济发展较快，设备的更新速度也很快，不只是零部件，结构的更新和软件的更新迭代也十分迅速。在更新过程中，若工

图2　远程调试和程序升级

程机械分布到偏远地区，那么设备、软件的升级更新是十分艰难的。例如，三一重工之前有一个新疆客户，其设备的更新只需要半小时，但是来往的时间可能要花费一周，效率十分低下。而在这套系统中设计了远程升级维护系统，即业务系统可以通过这套信息系统进行远程升级，只需把机器停留在安全状态，然后打开电源，就可以远端对它进行升级，而且升级界面跟现场开发调试的界面或软件是完全同期。三一重工之前利用EVI系统做过一次远程升级，原因是美国的GPS进行升级以后对机械影响较大，需要进行远程升级。那么我们只需联系服务工程师前往现场，让这个设备处在安全状态，随后利用EVI系统进行远程升级。服务工程师的职责只是保证机器处于安全状态，剩下的工作则交给EVI系统远程处理。

EVI系统还有一项功能，就是可以使用手机APP进行升级和诊断（图3），适用于信号不好的地区，如矿山底部、隧道。通过连接设备上的无线网络，利用手机APP进行升级，也可以进行诊断，相当于把手机看成是一个移动开发终端。此技术在汽车行业比较成熟，三一重工将其应用到工程机械上。手机APP目前已经开发完成部分功能，但是对APP功能的需求各种各样，我们现在是按照专题来开发的。例如，投屏专题不需要爬到设备上去看，在手机显示屏上看到的信息与设备的完全一致，并且还可以将信息存储到手机里；另外还有发动机诊断专题、液压系统诊断专题等。系统还提供二次开发接口，

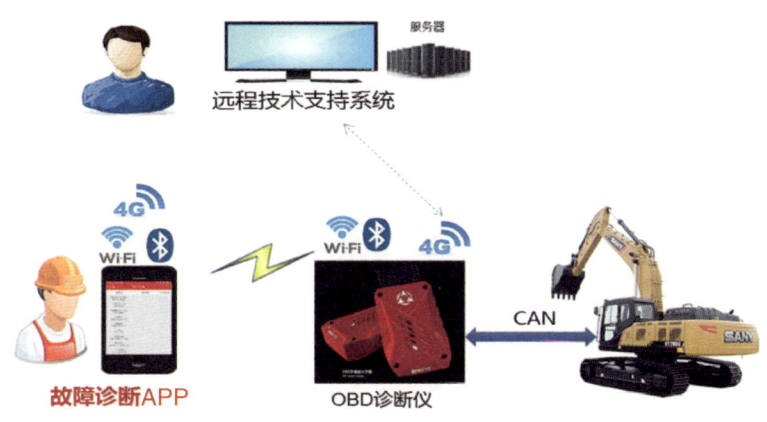

图 3　手机诊断

用户可根据自己的需求进行二次开发，增加想要的功能，而且开发工作量很小。

　　EVI 系统还具有智能巡检功能。智能巡检不是实时上传数据进行判断，而是在需要特定数据时去机器里获取。根据定制的巡检单，智能巡检系统就可以将所需数据快速巡检出来。EVI 系统一共有 20 多万台设备，每天可以完成 4 万台以上设备参数的巡检。比如说，可以查看哪台机器在夏天水温比较高，是个例还是普遍情况，是地区性的还是全国范围的。也许这个变量并没有存储在系统中，此时就可以通过智能巡检临时地读取设备参数，设备控制器上所有 1 000 多个参数都可以用巡检方式得到。巡检得到的数据具有一定的模板，以方便查找问题，特别是偶发问题。

用户可以通过 EVI 系统中的服务支持系统创建服务订单。客户与服务工程师的位置是相互可视的,服务工程师可以利用系统来导航,待服务结束以后,客户还可以对服务进行评价,评价的结果会反馈到系统中,EVI 系统再对客户意见进行统计分析。整个服务过程是透明的、在线的,以便在后台寻找它的规律,发现前沿客户的真实需求,这对于产品的升级换代、产品开发起到更大作用。

EVI 系统另外一面是面向设备操作人员、设备所有者的终端。因为操作人员不一定是设备所有者,设备所有者不一定是操作人员,通过工况查询能让操作人员和设备所有者相互之间都能够了解整个过程。在工况界面中,设备所有者能够查询和管理设备,他能够随时在手机上查看每台设备的工况,还可以查看设备的地址并为其导航。另外,手机 APP 上提供出租平台,可以发布租赁信息,寻找操作人员服务。

到目前为止,三一重工的远程运维系统实现的就是这些功能,达到的水平是远程升级维护、远程巡检,更加高端应用或高阶分析还在继续研发。

2 两大技术平台

三一重工远程运维系统的技术架构由两大平台构成——控制端 LM 平台和工业互联网平台 WitSight。

2.1 控制端 LM 平台

控制端 LM 平台（图 4）是一个语言学平台，将控制功能做成模块，然后通过模块的装配来形成应用。做成平台的目的是使应用更容易实现。此平台经过 10 多年 20 多万台设备的应用已经很成熟，而且这个平台是一个三一重工完全自主开发的平台，通信使用的是标准化的统一协议。LM 平台也是安全可靠的平台，10 多年来还没出现过大的事故。对企业来讲，事故是很可怕的，目前该系统中已经拥有超过 25 万台设备，如果平均每台设备价格为 60 万元，就有价值 1 500 多亿元的设备连接在这个系统上，如果这个系统出现问题，其影响是十分巨大的。因此，这套系统首先要保证安全。

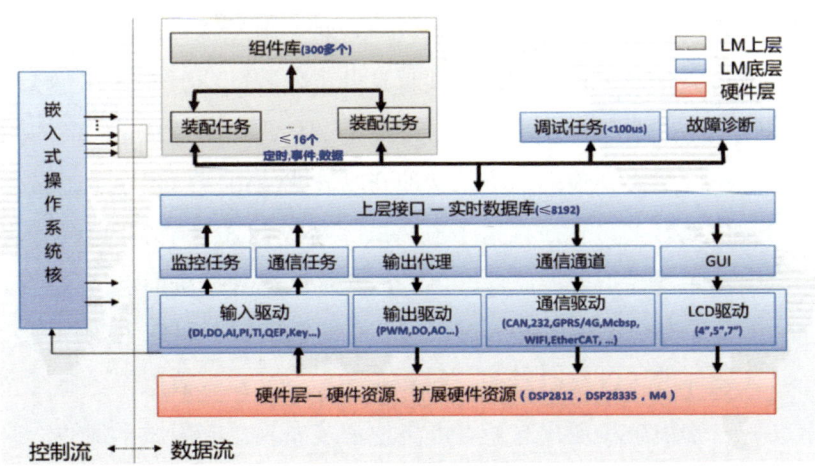

图 4　控制端 LM 平台

EVI 系统十分依赖于控制端 LM 平台。三一重机挖掘机事业部目前在量产的就有大中小、旋挖等接近 50 多个型号，相同型号还有不同的版本和配置。所有软件都依靠控制端 LM 平台来搭建，实际上可以把软件分成两大部分：一部分是底层软件，另一部分是上层应用软件。底层是通过计算机编程实现的一些功能模块，这些模块是由各种各样的应用抽象出来的，模块开发人员只负责面向模块、做好模块，而不必在意模块的应用，底层模块开发工程师往往都是学计算机出身的。上层主要是应用，这部分的开发工程师往往都是应用工程师，可以将其叫做基于底层模块的开发，对应用工程师的计算机和软件水平要求很低，只是负责将模块装配成应用软件，就像成熟的工业体系，把核心零部件根据设备的要求装配成一台机器设备。应用层软件开发是基于模块的一种开发，只需要对应用理解好，而不用关心模块的开发过程，并且测试时只做装配测试，因为每一个模块在模块成型的时候都通过了严格测试，此外通过长时间的应用已经得到充分验证，所以这种开发方式使得应用程序可以做得又快又好。另外，在这个嵌入式系统里面还有个实时数据库，数据库支撑了智能巡检，可以把约定好的数据按通信协议定时上传。有数据库的好处是，当有临时需求时，可以不改变嵌入式软件就可以获得数据。如果说没有一个实时数据库，那么这一点就很难实现，这一点可能是很多嵌入式应用做不到的，它们往往想获取数据时，一定要修改底层的通信协议和通信程序。

应用与实践

2.2 工业互联网平台

WitSight 平台是工业互联网平台，是信息系统的云平台，负责调度和管理计算引擎、业务应用和可视化界面（图5）。WitSight 平台包含计算平台、业务平台和可视化平台。计算平台使用 Cassandra 大数据存储、Spark 计算引擎和 Kafka 消息队列，这三个都是业界比较成熟和使用广泛的技术，我们也在进一步升级优化；业务平台提供了设备监控、服务运维、债权管理、智能巡检等功能，将来还会有 AI 计算、数据智能；可视化平台可以支持电脑端、移动端等各种展示方式，展示的内容可以满足不同的用户有不同的需求，所以平台既要有稳定性，

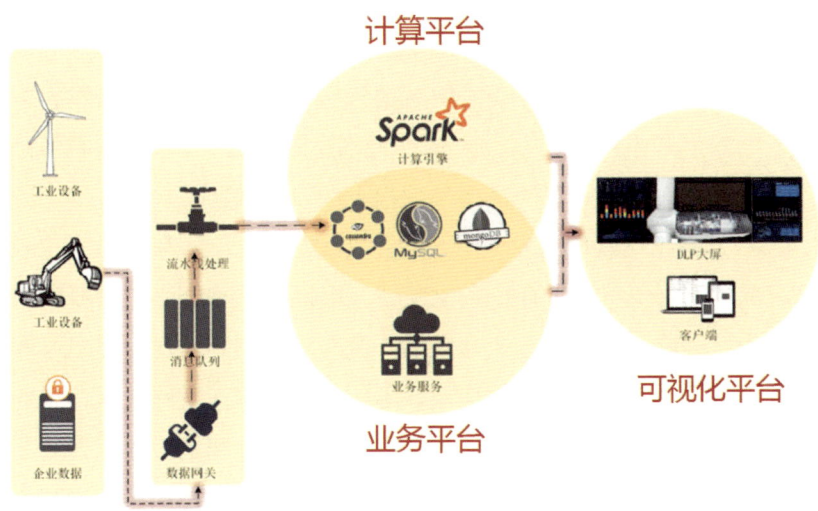

图5　WitSight 平台

也要有灵活性。我们把一些基础的、通用的数据做成稳定的展示内容，把其他更多的数据做成可选项，由用户选择。比如说移动端的APP，用户可以定制小程序做各种各样的展示，在固定端可以用LabView软件为工程师提供多样丰富的报表，进行图形化的展示，使其便于从数据中寻找规律。

3 发展趋势

目前，云平台、工业互联网发展趋势是更好地应用数据。为什么工业互联网的应用没有像电子商务那么好？很重要的一点就是对这个数据背后的工业知识理解得不是很深刻。应用好数据，首先要挖掘出数据背后的知识。计算机专业出身的人了解数据、了解信息系统、了解复杂的计算，但是对数据后面的工业知识了解不多。而了解数据背后知识的工程技术人员，对计算机和系统又不是很了解，特别是现在云平台这样的系统。这是现在工业互联网所遇到的很大的一个问题。

工业互联网，首先是工业，其次是以工业为背景的互联网。如果不熟悉工业，只拿工业互联网概念来套，把工业数据往上一放就认为是工业互联网，就会出现问题。目前对工业互联网的两大问题认识不深刻。第一是对工业互联网数据背后的专业知识重视程度不够。若不去深入地理解和挖掘数据背后的知识，就不太可能很好地利用工业数据。第二是工业数据和商业数据不完全一样，商业数据如销售数据、人的行为数据都是静态数据，但是工业数据是一个动态数据，如发动机的功率、效率是时时刻刻在变化的。静态数据和动态数据有很大的差别，静态数据相对容易处理一些，使用起来方便，但动态数据却不一样。工业数据使用过程中对准确率、精度的要求比商业数据要高，比如说故障诊断，判断故障不能出错，误判、漏判都是问题。如果准确率不能达到80%~90%的话，则故障诊断是无效的；精度达不到70%~80%，则无法使用。若出现漏判、误判，各种投诉和报修都会增加，也不一定能节省成本。

三一重工未来有三个发展方向：

首先，数字矿山。对矿山客户来说生产设备的工况信息主要是设备的监控信息，可以用来调度计量，提升运行效率。三一重工只需把数据采集上来，就可以帮助矿山来进行调度计量和资源的优化配置，从而实现矿山的数字化，提高效率。目前，我们将GPS定位精度从过去的米级提升到亚米级，误差要小于1米。另外，使用电子围栏、3D航拍解决计量调度的问题。这些技术尽管不能做到无人驾驶，但是可以提供亚米级定位以方便导航。所有的智能科技都是为了提升效率，包括各种设备的效率和经营效率等。计量和调度是企业必须解决的问题，不对输入和产出进行计量就没有合理的调度，那么无人化或少人化所带来的效益很快就会浪费掉。

其次，故障预诊断。目前三一重工的服务都是被动服务，故障出现后有数据表明出现了故障或客户报修，然后再去维护。如果公司能够实现快速修复，客户就会更满意，但若无法进行快速修复就会耽误施工。所以有两个因素在故障预诊断中起着很重要的作用：第一个是设备的出勤率，如果矿山工期要求紧而设备出勤率不够会影响整个工程的进度，带来的后果十分严重；第二个是如果早期能够预测到故障，并在其没造成破坏的时候进行维护和及时处理，能使故障不扩散。所以三一重工希望把被动服务变成主动服务，其中有两大目标：一是设备不停工，二是故障不扩散。如果能做到这两点，那在高端应用中特别是矿山这类应用中就具有很强的竞争力。除了经济效益外，设备的出勤率也是服务和质量好很重要的一个指标。如果想保证高出勤率，则备品备件需要提前准备，但是经济效益就会打折扣。如果能提前预测到故障，那么就可以接近设备不停工、故障不扩散的目标。

我们在开展故障预诊断时会重点考虑几个综合健康指数：

一是燃油经济性，就是油耗指标。工程设备是生产工具，它们的生产和消耗是客户很关心的问题。

二是压力指数。生产工具的压力是否达标是一个很重要的指标。

三是温度。如果设备有异常，其自身能量就会转化成为自身的热量在温度上体现出来。夏天环境温度很高，容易出故障，而一旦出现问题就可以立马觉察到；但在冬天，由于环境温度很低，异常发热是不容易发现的，如在这种情况下也能够及时发现异常，则对设备的效率、健康是有很大帮助的。

四是控制的稳定性。在正常的情况下，性能应该不会发生变化，控制器针对设备健康性能进行控制。如果设备失控或波动很大而控制器又不会变化，那唯一发生变化的就是被控对象的数学模型、科学法则的变化。通过这个指标也能从整体上发现设备的异常。

这里所说的预诊断是对异常的判别，健康管理包括异常判别和故障定位。目前，异常判别在工业领域的应用不是很好，除了一些特殊装置如航空发动机、风机、水能发动机等，这类旋转设备是重复性的，信号比较有规律，通过压力传感器检测振动，通过频谱分析来判别设备异常，经过十多年的发展，对异常的判别已经比较成熟。而对非重复的、工况随时变化的设备进行异常判别是很艰难的，如果能够知道异常，再进行故障定位，效果就会更好一些。

最后，无人化、全自动化。设备最重要的目的是提高自主性来代替人的工作，追求的最终极目标就是自动施工。对于工程挖掘机这样的设备，全自动化暂时还无法实现，一方面采用液压系统，在世界范围内除了卡特彼勒在 2018 年推出一款电控手柄是纯电控的设备以外，还没有其他工业应用产品；另一方面姿态测量比较困难，如挖掘机工作装置的测量和斗尺、斗肩位置的测量，挖掘机六自由度不停移动，工作装置六自由度不停变动，所以它的测量就比较困难。根据三一重工目前的3D测量技术，X、Y、Z三个方向能做到3厘米的精度。有了施工姿态的测量以后才可能形成闭环，有闭环以后才可能形成全自动控制。因此，现在首先要解决全电控问题，把液压手柄、液压操作变成电操作，类似于现在的线控；其次是3D测量形成闭环；最后再进行路径规划和施工策略规划等。但实现起来还有很多困难，如路径规划时要考虑路况检测、生命体检测、避障及房屋碰撞等问题。此外，还要考虑限制条件，在有限作业空间内进行操作机械的行程是多少等，相当于把工程机械变成工程机器人。

总的来说，工业互联网还是要着眼于"工业"这两个字，需要关注数据背后的知识和工业数据所特有的问题。特别是很多计算机、人工智能出身的研究人员把"工业"两个字理解得太简单，他们认为处理的就是数据，处理数据以后就能得到结果。但是数据背后是知识，对知识都不了解，研发过程中就很难把控到关键点。

机器视觉概述及市场应用

杨延斌
台达应用技术中心机器视觉应用工程师

1 机器视觉概述

1.1 机器视觉的定义及发展历程

机器视觉，就是用机器代替人眼来做测量和判断的一项技术。

机器视觉的实现过程是：机器视觉系统通过机器视觉将产品或被摄目标物转换成图像信号，传送给图像处理系统；图像处理系统再根据像素分布亮度、颜色或其他信号将相关信息转换成数字信号，并对信号进行抽取或处理，进行运动控制或做其他动作。

如图 1 所示,机器视觉的整体架构可分为三部分:第一部分是取像架构,包含镜头、相机和光源;第二部分是处理系统,主要是利用机器视觉系统或工控机对前面取到的图像进行处理运算,再通过通信(如 IO 和网口)将结果传递给第三部分;第三部分是可编程逻辑控制器(PLC)、机械臂或其他伺服运动控制系统,可进行下一步动作。

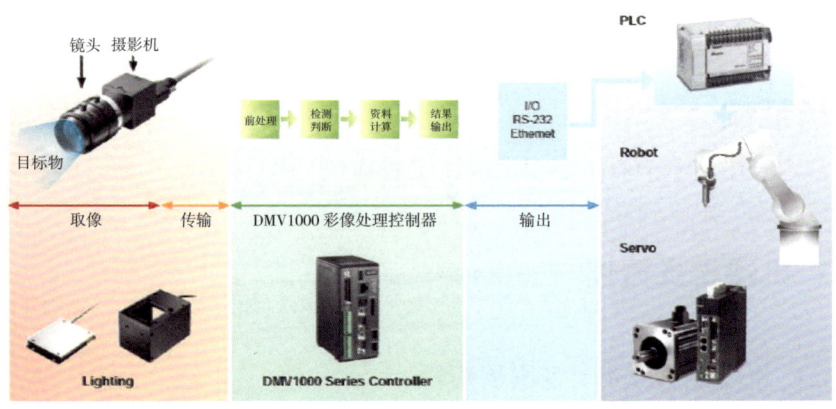

图 1 机器视觉整体架构

视觉概念的提出始于 20 世纪 60 年代的机器人研制(图 2)。最早的视觉系统是通过采集图像进行预处理,再通过计算机评估目标的位置来控制机器运动,这构成了最初的视觉应用。1960 年,麻省理工学院学者 L. R. Roberts 首次提出了通过计算机程序从数字图像中提取出类似于立方体、梯形体、棱柱体等三维结构，并对物体形状及物体空间关系进行了描述。L. R. Roberts 的相关研究开创了以立体三维场景为目的的三维计算机视觉研究。

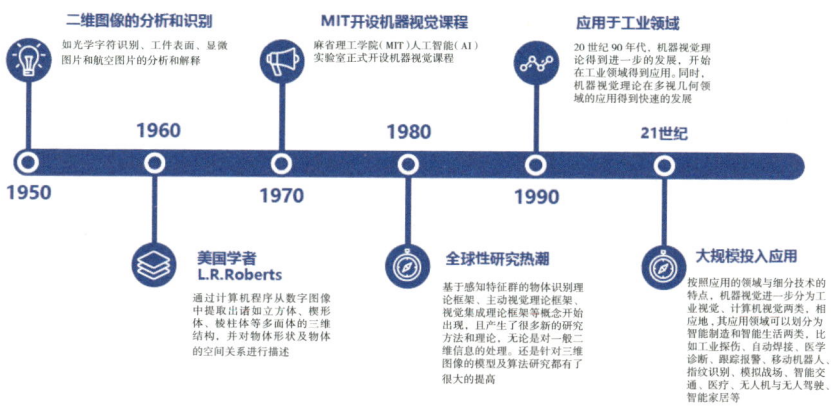

图 2　机器视觉发展历程

20 世纪 70 年代，麻省理工学院人工智能实验室首次开设了机器视觉课程，Matlab 实验室也吸引了许多学者参与到视觉理论算法和系统的研究中，为 80 年代机器视觉领域中重要理论框架的构建打下了重要基础。

到了 80 年代，全球掀起了计算机视觉的研究热潮，各类新概念、新方法、新理论不断涌现。我国最早出现的机器视觉相关的研究文献是《机器视觉：兴起的研究领域》。80 年代中期是视觉研究蓬勃发展的时期，到了 90 年代，机器视觉开始真正进入了深度发展及广泛应用的时代，现在视觉技术已经实现了大规模应用,在工业、国防等领域都可见其踪影。

1.2 机器视觉的市场概况

从机器视觉的发展规模和趋势来看,2013年视觉系统部件的市场规模是34亿美元,相比2007年增长了56%;2017年,视觉系统部件的市场规模更是达到了100亿美元,相比2013年又增长了将近3倍。可见,近年来视觉系统的发展速度非常之快。

从机器视觉全球市场数据分析来看,其以每年8%~9%甚至10%的增速增长,虽然每年增速不一,但是一直保持增长态势。

就2018年机器视觉的全球市场份额而言(图3),在所有视觉产品中,视觉系统在全球的市场份额占比最高,占到了一半以上。

从机器视觉在全球的市场分布来看,其市场主要是中东、欧洲、北美及亚太地区。2018年亚太地区视觉市场已经占到了将近全球的一半。在这样的发展基础上,有专家预测,2021年时亚太地区的机器视觉市场将占据全球的半壁江山,甚至达60%以上,因为全球的自动化产业正在往东南亚发展。

我国机器视觉的起步比较晚,是在20世纪80年代由于技术引进发展起来的,当时主要是应用于半导体行业,如印刷电

应用与实践

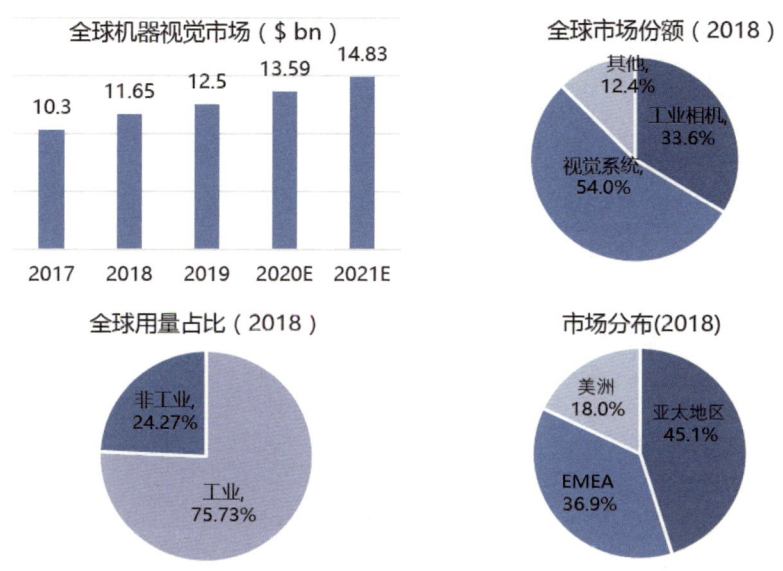

图 3　机器视觉全球市场概况

路板（printed circuit board，PCB）印刷、电路组装、元器件制造等。因此，2006 年以前，我国的视觉产品主要集中于外资制造企业、出口加工企业及烟草企业等，且发展规模比较小。

2006 年以后，我国机器视觉开始真正进入了快速的发展期。2010 年，我国的机器视觉市场规模达到了 8.3 亿元，同比增长 48.2%；2011 年，达到了 10 亿元；2012 年为 12.5 亿元；2014 年为 15 亿元；2018 年则突破了 31 亿元（图 4）。这是因为近年我国的工业自动化发展迅速，且市场劳动力成本上升，所以机器视觉获得了迅猛的发展。

181

图4 国内机器视觉市场规模

行业	2017		2018	
	规模(百万元)	增长率	规模(百万元)	增长率
电子制造	1760	41.9%	1950	10.8%
汽车	210	35.5%	250	19%
制药	150	15.4%	180	20%
食品包装	136	23.6%	170	25%
印刷机械	43	7.5%	50	16.3%
其他	351	37.6%	500	42.5%
合计	2650	37.3%	3100	17%

(a) 国内机器视觉行业应用规模及增长

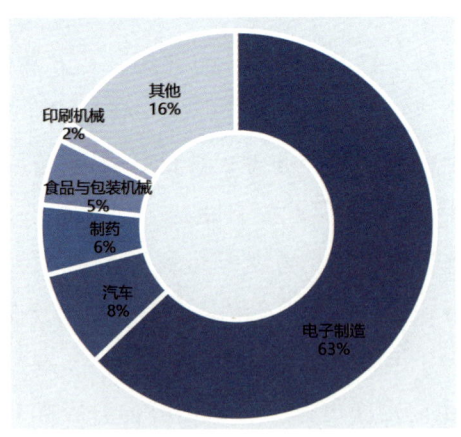

(b) 机器视觉行业市场份额(2018)

图5 机器视觉国内市场概况

从图 5 可以看出，国内 63% 左右的市场份额来自电子制造，其他占比较大的行业包括食品包装、制药、汽车、印刷等。

在中国所有机器视觉产品中，智能相机所占的市场规模是比较大的，其次是工业相机、光源、软件、板卡，比重依次减少（表 1）。

目前的机器视觉应用主要分为两类：一类是用于大规模或高测试要求的生产线，另一类是高性能精密机器视觉组件的专业制造设备。

工业机器视觉在消费电子行业主要用于晶圆切割、3C 产品表面检测、触摸屏制造、表面贴装技术（SMT）及 PCB 锡膏检测等。

表 1 机器视觉国内市场概况

产品	2017 市场规模（百万元）	增长率	2018 市场规模（百万元）	增长率
智能相机	900	40.6%	1 060	17.8%
工业相机	555	33.7%	640	15.3%
光源	450	37.6%	530	17.8%
软件	315	34.0%	370	17.5%
板卡	150	38.9%	170	13.3%
其他	280	36.6%	330	17.9%
合计	2 650	37.3%	3 100	17.0%

中国机器视觉产品市场份额

年份	视觉系统	工业相机	光源	软件	板卡	其他
2017	34.0%	20.9%	17.0%	11.9%	5.7%	10.6%
2018	34.2%	20.6%	17.1%	11.9%	5.5%	10.6%

1.3 机器视觉的优势及应用领域

机器视觉在全球及国内的发展势头很好，那么回到源头问题，为什么要使用机器视觉？

机器视觉在生产制造中的最大作用是可以帮助工厂自动化设备提高产能、提高生产的产品品质及生产竞争力，进而助力产业化转型和劳动力提升。尤其在劳动力提升方面，由于生产环节、品质检测环节这类耗费人力的工作基本都会有一些缺陷，也会受到外界因素的影响，在进行人工装配时容易因疲劳而造成失误和漏检，生产速度和质量也会受到影响。因此机器视觉就非常必要，使用工业相机取代人类眼睛进行计算和控制，可以很大程度上减少这些问题。当然，机器视觉在工业自动化上还有另外两大价值：一方面是避免了不良品的外流，减少客户的成本；另一方面是提高了生产设备的运转效率，降低了生产成本。

机器视觉相对于人工检测，其优势主要是高精度、连续性、灵活性和重复性。其中，高精度是指可以稳定地检测到微米以下的精度；连续性是指机器视觉可以连续不间断地工作，不像人会因为疲劳导致检测稳定性下降；灵活性是指在切换检查对象的时候，视觉不需要更换昂贵的硬件测试，也不需要专门请人进行软件设定，只要做很简单的设计就可以完成；重复性方面，可以举一个简单的例子，即做精度测量时，如用机器视觉测试 100 个零件可能每个误差都差不多，而如果人工用尺

应用与实践

子或其他东西去测量，则难免会产生较大误差。此外，机器视觉是非接触性的，它可以避免破坏比较脆弱的对象如玻璃、半导体等，降低磨损及伤害的风险。

机器视觉主要应用在四大领域：识别、定位、计数和量测。识别，顾名思义，如识别产品表面有没有脏污或缺块等。定位，这是在市面上应用最多的领域，主要包括产品搜寻定位、引导手臂进行搬运等。计数主要是进行产品的测量计数和检测包装物的内容等。量测，主要是测量如液位高度、平整度及精密结构件的尺寸等。

2 机器视觉分类与组成

2.1 机器视觉的分类

机器视觉的结构一般分为两类：一类是 PC 式系统，一类是嵌入式系统（也称"智能相机"）。嵌入式系统中智能相机是控制器的本体，包括要接外的相机、镜头和光源。它将图像处理单元、图像采集单元包括网络通信集成在一个相机里，高度集成为一个拳头般大小的嵌入式视觉系统，相对于普通的嵌入式系统结构更小。除了高度集成，智能相机还自带多路数字 I/O 和通信接口，并且可以脱离工控机单独运行，也就是可以在电脑上将要操作的内容编辑好后，设定到智能相机里，便可以断开和工控机的连接。

那么和 PC 式系统相比，嵌入式系统有什么不同呢？

从组成上来说，首先两个系统都有图像采集单元，包括光源、镜头和相机，即每个视觉系统都需要包含的部分；其次是图像处理单元，PC 式系统用的是图像采集卡，嵌入式系统用的是图像采集单元，后者包含了图像采集卡的功能；然后是图像处理软件，PC 式系统在电脑上或工控机上采用图像处理软件，而嵌入式系统虽然也类似，但是在开发好后进行功能打包和封装，再重新装入嵌入式系统中；最后，PC 式系统是需要工控机做运算的，嵌入式系统则是通过网络通信装置进行传输。

从技术特性来说，嵌入式系统结构比较紧凑，尺寸比较小，并且对于无基础或无经验的人来说比较容易上手，如台达的嵌入式系统只需对照台达的应用手册就能看懂每一个检测功能；而 PC 式系统依赖工控机，工控机结构比较大。不过，PC 式系统也有一个优势，就是可以通过不断测量或算法优化以达到理想的精度或速度，并且可以实现较为复杂的系统功能。

从表 2 可以看出两大视觉系统各有优势。目前，我们看到的自动化应用主要都是嵌入式的，因为嵌入式不需要很长的开发周期，且技术难度低。因此，未来这两种系统应该会平分秋色，在不同的领域会展现出各自的优势。

表 2　PC 式与嵌入式视觉系统功能对比

指标	PC 式系统	嵌入式系统
检测速度	胜	负
测量精度	胜	负
多相机支持	胜	负
相机功能支持	胜	负
用户化功能	胜	负
复杂运算	胜	负
系统成本	负	胜
工作空间	负	胜
操作难度	负	胜
集成能力	负	胜
稳定性	负	胜

2.2 机器视觉的组成

机器视觉的组成三要素包括光源、相机和镜头。

所谓好的图像,其成像标准就是:

(1)要有比较明显的对比度,目标与背景的边界比较清晰。

(2)背景要尽量淡化且均匀,不能干扰到图像的处理。

(3)颜色要尽量还原色彩的真实度,亮度要适中。

光源

光源是影响视觉系统图像处理的重要因素，直接影响图像的质量和最终的运算结果。而光源的种类非常多，通用光源至少已有上百种，定制光源有上千种。由于没有通用的视觉照明设备，所以一般要根据实际需求，针对特定应用场景，利用光源实验室或不同的光源找到最合适的打光效果，以达到最好的成像效果。

如图6所示的取像效果：第一列，下面的图像对比度比较好，有助于进行目标和背景的分离；第二列，上面图像的均匀性比较差，对全局灰度的判别很难进行基准的抽取；第三列，下面图像的一致性比较好，用来辨别工件比较有优势。

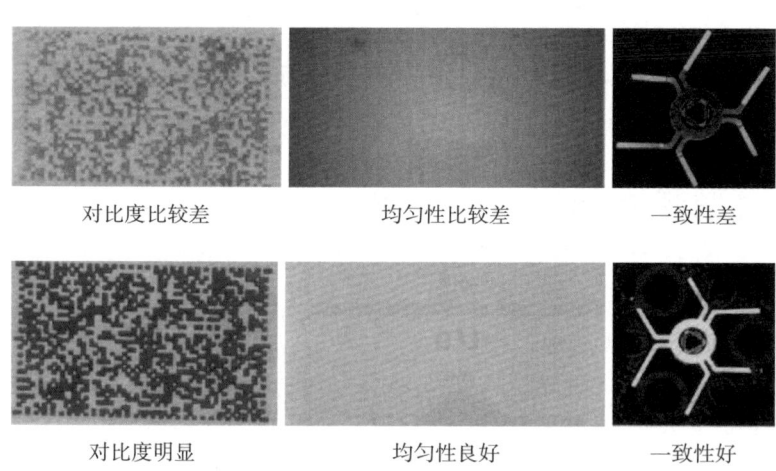

图6　取像效果对比

好的成像效果会大幅度降低图像处理的难度，并且最终的运行效果也会比较稳定。所以在选择光源的时候应注意：

第一，要了解项目的需求，明确客户或工厂对测量或检测的需求目标。

第二，要分析目标和背景的区别，如要在一片红色的产品里找出蓝色的部分，那么打光效果就要使蓝色和红色之间产生最大的区别。

第三，要根据光源和目标之间的配合关系，确定可以用的光源类型。因为光源的类型非常多，打光的方式也就层出不穷，一定要选好配合类型，以免选择的光源无法使用。最简单的方法就是拿到客户的需求和样品后到光源实验室进行实验，这样会很快得到光源的最佳成像效果。

在介绍光源的各种型号之前，要先了解一下光的波长和特性。为什么说使用不同光源会影响图像的效果呢？在实际场景中，使用最多的光源是白色和红色，基本上白光和红光可以满足80%以上的需求，其次是蓝光，而绿光、黄光使用是最少的。有些产品会加一些其他材料，这些材料是完全透明的，人眼看不到，而用常见的不可见光——紫外光照射，就会有蓝色或其他颜色显现出来。

第四，要注意光的互补色。照射光源的波长和检测物颜色波长越接近，其影像就会变得越明亮。如要找红色的东西，用红光去照，图像就比较清晰；而用波长相差较大的绿光照射，

转型：智能制造的新基建时代

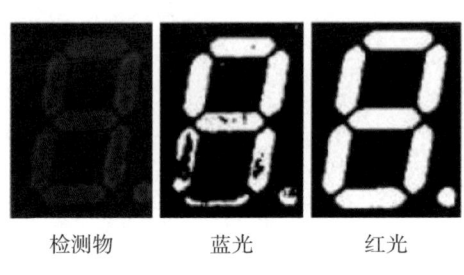

检测物　　　蓝光　　　红光

图 7　不同颜色光影像对比

图像就比较暗。图 7 这个红光数码管，它的 8 个管都是好的，假如用红光打在上面，就会变得很明亮；假如要用蓝光打上去，图像有些部分就会比较暗。

第五，了解常用的光源分类。从种类来看，LED 出现后像荧光、卤素光和电镀光等光源市面上已经基本看不到了。LED 的光波有多种，包括红、蓝、黄、绿等光色。其次，LED 光源的亮度能以从很暗调到很亮，可以达到目前所有光源中最亮；而且 LED 光源的使用寿命也最高，在 3 万~5 万小时，甚至可达 10 万小时，其他光源最多也就几千小时。

当然还要注意光源类型。光源主要是从尺寸和照明这两个方面进行分类。从尺寸来看，分为环形光、条形光、同轴光、背光板和穹顶光。从照明来看，分为直接照明、间接照明和特殊照明。直接照明就是光直接照到需要找的物体表面上；间接照明是透过折射板、平面反射或玻璃板的反射再打在物体上实现的；特殊照明常用是紫外光和红外光。

应用与实践

相机

用于图像处理的相机主要分两种：一种是工业相机，一种是网络相机。工业相机分为面阵相机和线阵相机，也可分为黑白相机和彩色相机；网络相机主要用于录制视频，如马路监控。网络相机的优势是外壳比较坚固，但是成像效果比较差；而工业相机的特点就是将未压缩的数据资料，如直接拍摄到的图片直接传到电脑或控制器里，再做图像处理，如此一来就不会丢失图像的明确特征或图像信息。

彩色相机和黑白相机的差异在于：彩色相机由红绿蓝三原色构成，因此彩色图像是三通道的。而黑白相机仅包含一组，只有一个通道，色度从 0 到 255——0 表示是黑的，255 表示是白的，中间也就是由深到浅逐渐变化的过程。

工业相机主要分为电荷耦合器件（CCD）和互补金属氧化物半导体（CMOS）两大类。前几年 CCD 相机应用比较常见，因为出现得早，技术也比较成熟。不过近几年 CMOS 已逐渐取代了 CCD，因为 CMOS 相对于 CCD 有五点优势：性价比高，CMOS 比 CCD 便宜很多；成像速度非常快；分辨率比较高，具有金属氧化物的特性；功耗比较低；高量子效率比较高。

相机的两大快门类型：全局快门和滚动快门（也称为"卷帘门"）。全局快门的工作方式就是整个感光芯片同时进行曝光；而滚动快门的曝光是逐行进行，也就是第一行曝光结束之后，第二行才开始。正是由于技术特性差异，两种快门在用于

191

运行较快的物体时就有较大差别。如图 8 所示,可以看出全局快门一瞬间拍到的照片基本上可以保持原有的效果,而滚动快门因为有逐行曝光的影响,所以拍到的图像会有拉伸或畸变,这就是全局快门和滚动快门的区别。

图 8 全局快门和滚动快门的差异

相机还有两个比较重要的参数,即帧速率和分辨率。帧速率就如大家所说的电影里的每秒多少帧图像,指芯片可在每秒钟拍摄或拍摄与传输的图像数量(fps)。帧速率越高,芯片速度越快,每秒拍摄到的图像就越多,数据量就越大。而分辨率指的是一幅图像每行和每列的像素数量，相乘所得数值就是整个的像素，比如 2 048×1 088 分辨率的每行像素数量为 2 048、每列像素数量为 1 088，像素就是 220 万。

相机接口的作用就是将相机采集到的图像传输到机器视觉的控制器或电脑，也就是从硬件投送到软件。接口主要分为五类：网口型、USB3.0、Camera Link、FireWire 和 USB2.0。其中，网口型、USB3.0 和 Camera Link 是现在比较常见的类型。网口型接口的传输距离比较长，在相机和电脑或控制器连接的现场可以达到 100 米。Camera Link 传输速度快，所以实时性非常好。USB3.0 则比较中规中矩，当然它的实时性也比较好。而 FireWire 和 USB2.0 可以说是上一代或上上代的技术，逐渐被抛弃的原因主要是因为传输速率和最大带宽的限制，达不到现在的应用要求。

镜头

工业镜头的主要功能就是光学成像，相当于动物的视网膜。假如只有相机，不接镜头，那么图像就是白茫茫一片，而把相机遮挡住，图像就是一片黑色，只有加上镜头之后才能成像。镜头对图像质量的影响主要是在分辨率、对比度、景深、失真和投影误差上。在影响图像质量的因素中，镜头在取像方面占的比重是比较大的。

常用的工业镜头主要由调光圈环、调焦环和锁定螺丝组成。镜头也可按光圈、焦距、视场等分类。光圈分为可调光圈和固定光圈,或者自动调节光圈和手动调节光圈。按视场分类,就是按照镜头能看到的范围大小分类,常用的工业镜头视场一般为50度左右,远视镜头视场为30度左右,一些超广角可以达到120度,还有一种特殊的鱼眼镜头可以超过180度。

工业镜头的基本参数有视野、工作距离、景深、相对孔径、最大相对孔径和光圈系数。

视野就是视场角,指的是图像采集设备所能覆盖的范围。

工作距离指的是镜头前端到被测物体之间的距离,是一个上下范围,当镜头距离待测物超过这个范围,就不能看到很清晰的成像。因为镜头一般都是手动可调焦距的,不可能说镜头一装到相机上之后,立马可以看到很清晰的图像。所以要手动调焦距,形成的被摄物体所处空间的长度,就是景深。

像相对孔径、最大相对孔径和光圈系数可作简单了解。

景深和镜头焦距、光圈的关系比较简单:光圈越小,景深越大;焦距越小,景深也越大。

关于光学精度,可以以30万分辨率的相机为例,它的水平方向有640个像素点,垂直方向有480个像素点。假如,某个长40毫米的物体刚好占满水平方向的640个像素点,那么光线精度就是0.0625毫米/像素(40毫米除以640个像素点)。

3 主要功能介绍

目前市面上的视觉系统功能都是大同小异的,只是设计的差别。比如，每个视觉系统会有前处理功能，包含了二值化、扩张、侵蚀和索贝尔运算等，其实就是把想要的特征留下、把不想要的干扰特征过滤。

检测功能包含了边缘检测和区块检测两大类。

边缘检测是指检测边缘的位置、宽度、角度、个数，还有对每个边缘之间的距离和宽度进行追踪。

范围检测包含了形状、面积、影像强度、斑点和瑕疵，还有字符对比（OCV）和字符识别（OCR）。形状检测通俗来说就是找到图片中的图形，对其进行设定，在下次相机查图时发现满足所设定的参数就证明找到了该图形，也就是实现了定位。面积检测可以理解为在整个图片范围里找出白色的面积是多少和黑色的面积是多少，其实和找斑点一样，就是整个范围内斑点有多少个。当然还包括影像强度、斑点、瑕疵检测等其他功能，感兴趣的人可以深入了解，这样对于整个视觉系统的功能也会有更全面的认识。

航空工业的数字化翅膀

宁振波
中国航空工业集团信息技术中心原首席顾问
中国船舶工业股份有限公司独立董事

中国传统文化对于知行关系的认识有一个经典论断,就是"知易行难"。正如《尚书·说命中》说道:"非知之艰,行之惟艰。"对此,我不予认同。因为在人类改造自然、推动社会发展进步的过程中,要获得正确的知识已是不易,再去付诸实践做到知行合一,便更加困难。所以,我认为"知不易,行更难"。

1 数字化工厂再认识

数字化工厂与传统工厂的本质区别是,在制造过程中依据的是数字量即模型,而不是模拟量;而传统工厂在产品研发和制造过程中依据的则是模拟量,就是图纸。

自从200多年前英国人发明了蓝图制图标准之后,工业领域一直都是采用蓝图进行产品设计,再根据蓝图制定生产工艺,根据生产工艺、生产计划生产出合格的产品。整个生产制造过程传递的都是模拟量。

就航空工业而言,1982年我在西安阎良第一飞机设计研究院(简称"一飞院")任职,当时生产的"运7"飞机是50~60座,平均一个零件需要2.6件工装,制造材料都是金属,总共有几十万个结构件和标准件,需要大量的图纸,可想而知整个飞机生产制造和运维的难度有多大。

数字化技术使得在生产制造过程中的传统工装被通用工装和柔性工装代替,目的是实现零工装、无型架,由此带来产品设计、仿真、工艺设计、加工、试验、维修和管理的全面数字化,也就是基于三维标注技术MBD的全数字化。以MBD为中心的全数字化奠定了现代工业体系的基础。

数字化技术的应用催生了数字化工厂。那广义的数字化工厂是指什么呢?它指的是全产品数字化、全过程数字化、全产业链数字化、全价值链数字化,这也是数字化工厂应有的真正内涵。其中,产品的全数字化指的是产品全生命周期的数字化,这不仅包括零件的全数字化,还包括每个零件的几何数据数字化,以及设计研发、材料数据、生产加工、质量检测、试验试制、批产交付、维护维修全过程的数字化。

而狭义的数字化工厂主要是指生产过程数字化，而不包含产品研发和工艺设计等方面的数字化。这是因为中国存在着大量的代工厂，承担的基本是为国外转包生产的环节，所以造成了认知的局限性。因此，从实际意义来说，广义的数字化工厂才是真正的数字化。

制造业一般有三大技术，即设计、试制和试验。传统的产品研制方法是爱迪生的试错法，先设计后试制，再做试验；根据试验来检测产品的功能和性能，不合格则返回修改设计、修改工艺，而后再试制，再做试验；进行多轮反复迭代，直到产品满足设计的功能和性能为止。

20世纪90年代初的制造业信息化工程就是在产品设计、试制和试验过程中使用单元软件，但这只是实现了制造业的信息化，而不是数字化。而代表新工业革命技术体系的核心便是在虚拟环境中完成产品的设计、试制和试验，并利用虚拟环境来指导生产和试验。这就体现了制造业数字化的特点应是集虚拟和实物于一体的（图1）。

在虚拟环境中，从产品方案的初步设计到详细设计的全过程都是数字化的，形成了虚拟样机后放在计算机上。例如，在初步设计和详细设计之间快速传递和转移就是通过高速的网络传递来实现的。在计算机上设计的样机可以做产品的分析仿真，以及工艺、工装的设计和仿真，最后做产品装配的仿真，这样就形成了全数字样机，而后在数字样机上便可以进行虚拟的试

应用与实践

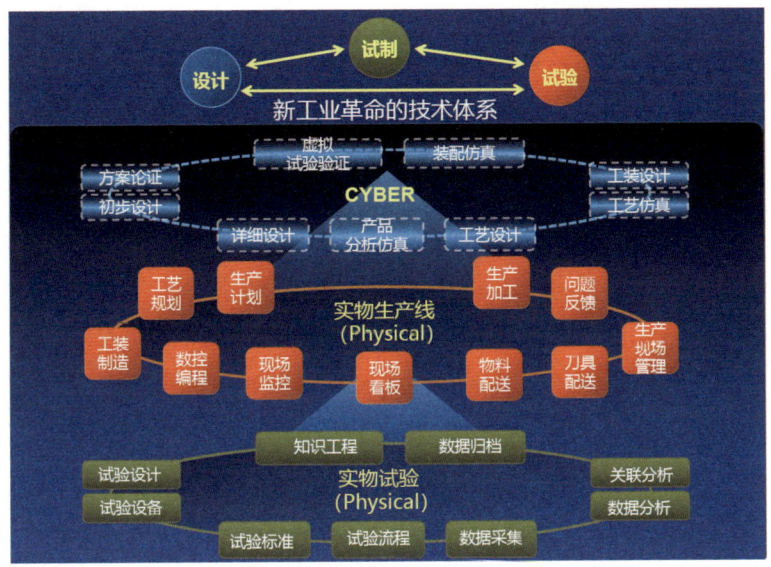

图 1　制造业三大技术

验验证。这个闭环包含了九个环节，试想如有数百个人同时参与研制一个产品，只要有畅通的高速网络，那么每个环节的任何人员都可以进行协同设计，无地域限制。这便是虚拟环境的好处，可以在该环境中反复设计产品、分析工艺、装配试验、分析问题、找出问题，再不断反复迭代，从而解决各个环节上出现的设计问题、工艺问题、封装问题、装配问题和试验问题。

当我们在虚拟环境中完成产品设计、试制和试验之后，就能够指导在现实环境中建立实物生产线，现在可以是数字化的生产，未来还可能往智能化方向发展。虚拟产品的试验可显著缩短周期及实物样件的试制过程,因为在虚拟环境中进行了大量的虚拟仿真与调试之后,现实环境中就只需要做验证性试验,试验次数也可大量减少。

2 从波音777到F35

波音飞机的数字化研制是从20世纪80年代开始的,在零件、组件、部件的三维数字化设计验证上就花了五年时间。到了1990年起动波音777时已经有了大量的部件研制经验,形成了很多规范和部分标准。但当时的全三维设计还不是全数字化,所以在产品设计时也出现了很多问题。经过大量改进和改造,到了2004年研制波音787时,波音公司创造了全球协同环境系统(global collaboration environment,GCE),也创造了航空工业的新纪元。

波音777是世界上第一款不着陆连续飞行最远的客机,航程最远可以达到17 500千米。整架飞机上有1 800套计算机软件系统,波音777也因此被称为是一台会飞行的计算机。

波音777也是世界上第一个进行全产品三维数字化定义和建模的飞机,飞机上300万个零部件全是三维数字化产品定义的。这意味着什么呢?首先,是要编译出相关的数字化建模规范;其次,采用三维数字化的建模方法实现零件定义;最后,采用数字化预装配(digital pre-assembly,DPA)占当时整架飞机生产工作量的60%以上。数字化研制方法需要建立300

应用与实践

多个 IPT 协同工作团队，才能在高速网络环境中进行从产品设计到工艺设计的快速研发与迭代，带来了显著的直接效益（图 2），使得产品研制周期大量缩短，仅四年半就完成了波音 777 的研制。数字化技术的应用使得波音 777 直到目前为止仍然是该公司最盈利的产品。

飞机产品的信息量十分庞大，像 20 世纪 90 年代，飞机的设计工艺、制造工装、管理和质量控制相关的技术文件和资料就有几十吨重，所以飞机产品的数据管理和分析一直是个非常困扰的难题。为此，波音公司在 1994 年采用了产品数据管理（product data management，PDM）系统来进行产品数据管理，为后续机型 787 研制的 GCE 平台应用打下了良好的基础。

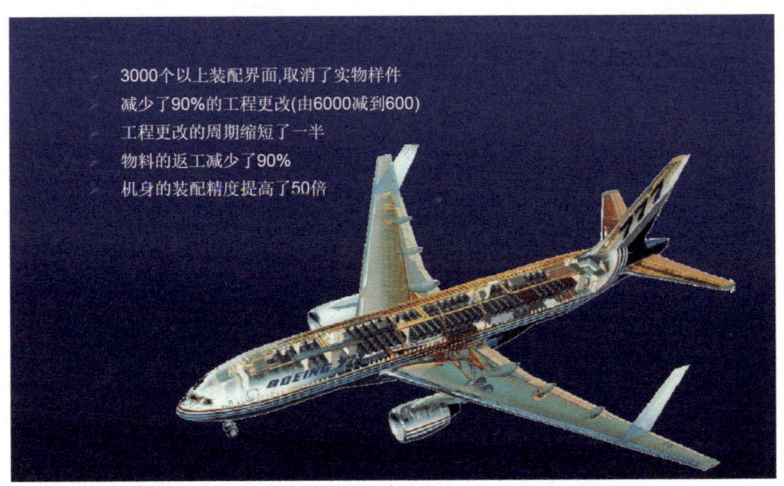

图 2　波音 777 数字化研制技术的直接效益

201

波音787则是航空领域全数字化的标志性产品。在研制波音787的时候有三大数字化技术的突破性应用：一是为了减少油耗和提高收益，波音787 50%的结构采用复合材料；二是为了提高效率，让产品研制部门达到高度协同，波音公司采用了全球协同环境系统（GCE），让所有与项目有关的数据宿驻于系统，这当中包含了波音公司DCACMRM项目的10年实践经验，可容纳5万多人在计算机上协同工作；三是为了让产品模型数据能够反映所有所需信息和生产无缝接轨，波音公司联合了全球16家公司推动美国机械工程师协会，耗费7年时间终于在2003年推出了基于MBD的标准（代码号ASMEY14.41），从而取消了二维图纸和传统的工艺卡片，取消了传统的纸质表单和纸制文件。波音787的三大数字化技术突破代表了当代行业革命性的变化。

洛克希德·马丁公司的战斗机F35，其流水线产量几乎是一天一架。这款飞机当时有30个国家60家公司参与研制，在一个原型机上同时发展出三种不同的机型——空军型、海军型、海军陆战队型，一机三型互换性达到80%，洛克希德·马丁公司一条生产线上就可以生产出三种机型。如果没有数字化技术，这是完全不可能实现的。而且，这套信息化应用技术体系为全数字化，由数据量传递代替了模拟量传递，目标是实现"零工装、无型架"。这套体系大幅地缩短了设计时间，降低了50%的设计成本，减少了50%的零件和远程维护、维修备件，仅这个结果来看，就是非常巨大的进步。

应用与实践

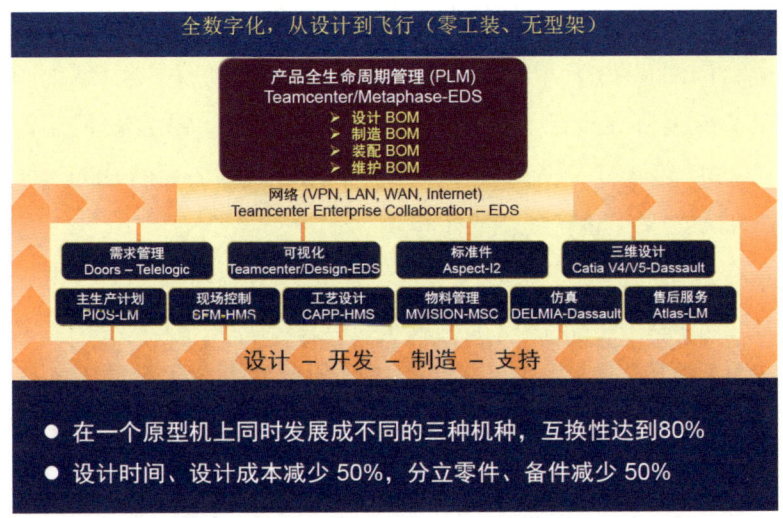

图 3　洛克希德·马丁公司 F35 信息化应用体系

3　从新飞豹到运 20

中国航空工业的数字化革命起源于新飞豹的研制。新飞豹是计算机虚拟的全数字样机。新飞豹数字化技术在 2000 年得到大规模使用解决了国内两大难题：全数字样机的设计制造技术难题和生产管理难题。

新飞豹飞机的数字化外形可以做计算流体动力学（CFD）、运动机构模拟和空间分析，基于三维数字化模型又可生成三维工艺模型，最后依据数控机床加工数控零件，将三维设计、工艺和生产制造打通，这在中国航空工业是一个新突破，仅晚

203

于波音公司8年。由于新飞豹的部件数量非常大,包含5万多个结构件和43万个标准件,因此从全数字样机的展示到生产制造成果都在国际上产生了重大影响。为此,波音公司还曾在2002年4月专程到中国"取经",法国达索公司的CEO(即CATIA之父)也曾发函表示祝贺。

新飞豹的数字化为何会带来如此大的轰动效应?因为这是有史以来国际范围内第一次在大型复杂产品的工程应用上使用英特尔加Windows。CATIA V5这种业界无可争辩的王牌产品用的就是英特尔加Windows平台。新飞豹的数字化革命让如此高端的三维设计可以在每个人的电脑上使用,确实有"昔日皇家宴,今入百姓家"的意味。新飞豹数字样机设计应用项目也因此获得了国家科技进步二等奖。

新飞豹样机是2000年中国航空工业第一飞机设计研究院在数字化设计上的成果,再经与西安飞机工业(集团)有限责任公司(简称"西飞")合作完成整个全数字化的生产制造,于2002年7月1日首飞成功。而后,该院在新飞豹数字化的基础上全新构建全数字化设计,又研制了空警2 000飞机和小鹰500飞机。小鹰500飞机现在销量已达数百架,2005年获得了国防科技银质奖章。

新飞豹全数字化设计的成功对我国航空工业的发展起到了极大的推动作用。2002年,国防科学技术工业委员会启动了飞机制造业数字化工程,共有18家单位参与研制,基于新飞豹的数字化为航空工业打造了强大的数字化体系。2005 年又启动了航空发动机信息化项目，该项目打造了国内最高水平的数字化工业体系。

在此基础上，一飞院又研制了新支线飞机 ARJ 21-700，该机型目前有几十架在国内外航线上运营。这款飞机当时是由一飞院的西安阎良总部和上海分院（如今的上海飞机设计研究院）异地协同设计而成。该飞机结构由上海飞机制造有限公司（简称"上飞"）、西飞、成都飞机工业（集团）有限责任公司（简称"成飞"）、沈阳飞机工业（集团）有限公司（简称"沈飞"）合作生产，这一布局为我国大飞机研发打下了基础。同时，为了能进入国际市场并取得民用飞机适航认证，该飞机采用了国外的发动机系统，共有分布在 11 个国家的 19 家国外供应商（图 4）。

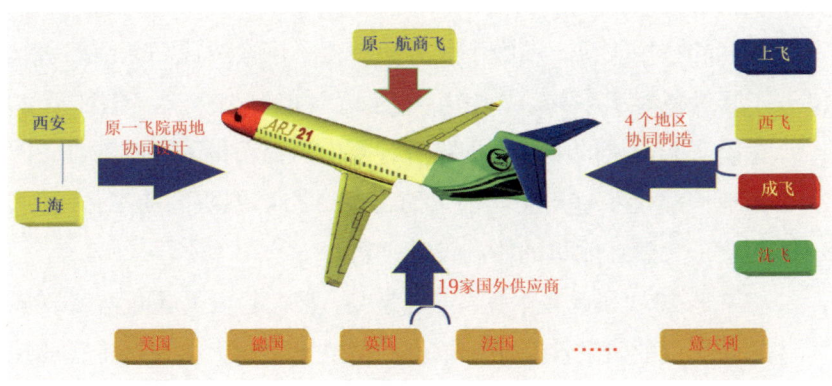

图 4　ARJ 21-700 协同设计的数字样机

转型：智能制造的新基建时代

在 C919 总设计师吴光辉院士领导下，从外形设计开始就采用全数字化的设计技术，通过 CFD 计算，把飞机的气动布局从 500 副翼型优化到 8 副，再到 4 副，然后生产出缩比模型做风洞吹飞实验，才形成了最后的飞机外形和现在的气动布局。这在过去简直难以置信，没有数字化技术，飞机外形不可能做到这么精良。

C919 的客机研制，除了成飞、西飞、上飞、沈飞的参与，还联合哈尔滨飞机工业集团有限责任公司（简称"哈飞"）、南昌飞机制造公司（现更名为"洪都航空工业集团有限公司"）、浙江西子航空工业有限公司（简称"西子航空"）协同进行。西子航空是中国唯一参加大飞机供应链的民营飞机公司，所以这也反映了民营航空公司的快速发展。

2018 年，中央电视台连播五集纪录片，将运 20 飞机的研制历程详细展示了出来。运 20 飞机是当时刚完成研制就交付部队的军用飞机，在数字化方面获得了巨大的成功，因此引起了很大的社会影响。2019 年的世界智能制造大会，担任运 20 协同研制制造的中航飞机股份有限公司也获得了高度赞誉，因为他们建设了基于跨学科、跨部门、跨区域协同的工作机制，构建了大型运输机的协同设计平台。

运 20 飞机的技术复杂度非常高，最大起飞重量可达 220 吨。这款飞机的研发涉及千家单位，创造了中国大型复杂工程的现代研制管理体系；同时因为涉及全国 984 家研究院所、高校和几千家配套企业的协同合作，所以还进行了数字化标准的大规模应用。因此，运 20 飞机的技术成果非常丰富，2014 年有 3 位来自运 20 研制团队的成员获得五一劳动奖章。此外，钛合金 3D 打印技术的发明者王华明也在运 20 研制过程中有重大突破，获得了国家技术发明一等奖。

在抗击新冠肺炎疫情中，运 20 充分证明了它的应用价值，中央曾一次性出动 6 架运 20，连续两次给武汉运送医疗队、医疗设备和抗疫物资，可见运 20 的战斗力之强。

4 中国制造的反思

对比国内外航空行业的数字化历程，不难发现工业软件对中国工业之崛起乃至成为工业强国的重要意义。因此，我们需要对工业软件进行重新定义。

中国目前还未完成工业化，但是部分企业已达世界领先水平，只要在产品设计知识、工业知识、生产管理知识方面有足够的积累，将来一定可以研发出优秀的国产工业软件。所以，培养工业人才就是培养中国未来的先锋队，而培养工业软件人才更是重中之重。2019 年，浙江省和工信部共同组织的中国工业互联网大赛吸引了 600 名选手参赛，并通过互联网进行全球直播，这是一个很好的人才培养选拔方式。

期望能有更多年轻人投身到工业数字化之路上，把理论知识应用到实践中，有更多同路人一起脚踏实地、务实高效地向前推进，我们国家才能屹立于世界民族之林，实现中华民族的伟大梦想。

离散制造业聚合系统在电梯行业的应用

高子越
中新软件有限公司总经理
电梯协会信息技术委员会秘书长

中新软件深耕电梯行业 20 年，与日系三菱、东芝、日立及欧美系奥的斯等企业从 2000 年开始合作。从做参数化系统起步，随着合作的不断深入扩展，结合中国的地产行业及产业链发展，中新软件也在不断优化和完善，形成了今天的聚合系统。

1 行业运营模式变革

中国既是电梯行业的第一大生产大国，也是第一大使用国。随着中国经济的蓬勃发展，电梯行业的发展速度也十分快速。全球有三分之二的电梯在中国生产，整个产业链十分完整，共有 700 多家电梯厂、14 000 多家安装和维保公司。但电梯行业是经典的离散制造，其在特种设备特征的复杂性高，所以对于系统的要求很高。

而实际上，电梯行业的信息化建设都比较早，基本采用的是世界知名企业的软件，所以存在着时代局限性的问题。这些最早采用的系统一般是可以解决点、线、面的问题，而今天行业所面临的是网状的、立体的问题，大多是前期执行的解决方案所产生或遗留的问题。因此，过去实施的单点系统，现在已经不能为企业创造综合的效益。

此外，以前电梯行业属于卖方市场；而现在的用户个性化需求很多，行业也变成了买方市场。这就意味着，传统要求企业内部通过提高生产效率来加大供应量的方式已经不能满足现在的市场需求了，现在对企业的要求是对业务环节进行整合，让产品模块化灵活组合，提高产品更新迭代速度，提升整个产业链的协同运作效果。以前企业采用的系统基本为管理内部生产制造和企业内部组织运营，而现在则需要实施新的系统，将其延伸到客户，并增强服务、关联到市场资源。

直接地说，以前供给端封闭的系统更多是在提供企业内部的管理支撑，而今开放的系统更多是 APP 应用，通过结合物联网信息的收集协同，进行资源优先配置。以前主要是为供给端提供解决方案，现在是要通过数据化、智能化赋能来打通供需两侧，从而实现更高层次的服务，实现整个业务模式的升级。这，就是数字化转型的过程。

在这个数字化转型过程中，业务变革是通过系统中的大数据、行业机理模型和逻辑进行的自动决策。随着人工智能、大数据、云等技术的成熟，市场需求的发展倒逼产业升级，促进了业务的变革：从聚焦于企业内部管理到着眼于生态链的整合和组织优化——要求员工技能水平更高、人数更少、能力更综合；要求研发人员对销售、签约、采购、安装和维保都有所了解，将经验逻辑进行整合并加以提炼后整合到系统中。因此，过去的工作模式是计算机辅助人；而现在是人辅助计算机来实现数据决策，需要人释放更大的价值。

以前企业是按部门划分的，各个部门的销售、报价、土建、设计、工艺、装箱以及安装维保都根据自己独立的逻辑建设了自用的系统。这种系统之间的数据关联共享比例很高，但每个部门做系统建设时基本不会考虑上游和下游，一般是在自己的系统做好以后，再通过数据和其他部门进行连接，这其实就造成了系统之间的互相孤立。

此外，以前企业曾经引以为傲的"即插即用"，如今已不再是优势。正是这个即插即用、分步实施的特点造成了今天业务上的瓶颈——各个系统建完以后整体的效率降低了，自动化率降低了，维护成本却升高了。每个部门都要维护自己部门的逻辑，那么整个企业在进行版本更新的时候，错误率就会极

应用与实践

高,而且过程会非常缓慢。很多优秀的企业进行一次升级的时间可以长达半年,而且要经过各部门的综合测试以后才能上线。最可怕的是,企业上了新的系统以后,整体效率不仅没有提高,反而需要增加更多人,使得企业整个效益降低了。这也是为什么很多企业会抱怨"上 ERP 是给企业自找死路"。

2 多系统聚合

现在的系统已不再是各个子系统的独立存在,而是系统整合。如销售系统不只是销售员使用,也不是传统的客户关系管理系统(customer relationship management,CRM)的概念,而是将这个系统推送到代理商和客户那里,客户可以直接移动化下单,企业快速响应。而在以前,客户需要在销售面前提出具体的需求,到工厂经过很多部门的沟通后再确认报价,这个周期一般要好几天的时间。而现在,如果把这些环节整合之后,那么在客户需求变更时,涉及生产制造、采购、财务等方面的操作都可以通过系统自动联动,形成数据最优化的决策推送,快速地把信息反馈给企业的一线销售和客户。

这个是系统聚合之后的一个巨大收益,也就实现了今天的互联网营销,颠覆了传统的 CRM 的概念,我们将这样的整合称为聚合系统。

如图 1 所示,聚合系统以业务逻辑为核心相互连接,构建统一的平台进行行业知识管理,支持整个业务的全局考量。在

211

聚合系统中可以一处维护、多处共用，可以从企业内部延伸到整个产业链的上下游，从而建立起企业的生态。企业通过系统连接客户、供应商、厂商实现数据逻辑来驱动决策，而要想建设支持这些功能的系统，首先要建立机理模型和知识库。

图 1　聚合系统的核心理念

在企业，同样的功能需求常会出现多样的产品结构设计，因为很多部门是为了创新而创新。如进行产品设计的优化，可能会给企业带来一部分的收益，但是如果不结合生产安装、售后维保、库存等问题考虑，那么这种只有产品设计的创新对企业就是灾难性的。不深入理解行业的机理和理论，企业创新后的产品质量就会不稳定。也正是由于企业没有考虑综合成本和连续性，这种创新就会让企业的整体收益率不高。要知道很多大公司的产品往往几十年不变，就是考虑到整体收益的问题。

应用与实践

聚合平台可以实现系统之间的连接。平台建立之后,就可以将企业业务基础原理进行沉淀,包括支持、提高企业的整体设计水平,帮助企业不断积累行业知识和实践经验,进行横向的业务聚合,实现企业整体赋能。因为这些知识的积累不是孤立的,就像人体的动脉和静脉一样,企业的设计体系、图纸体系、编码体系和质量体系也应该是网状的,而不是线性的,所以需要建立企业的知识图谱。只有建立好知识图谱(图2),系统才能更好地实现企业诸多体系之间的自动转换,从万亿次的组合方案中找出最优解,形成最佳的业务逻辑来满足客户需

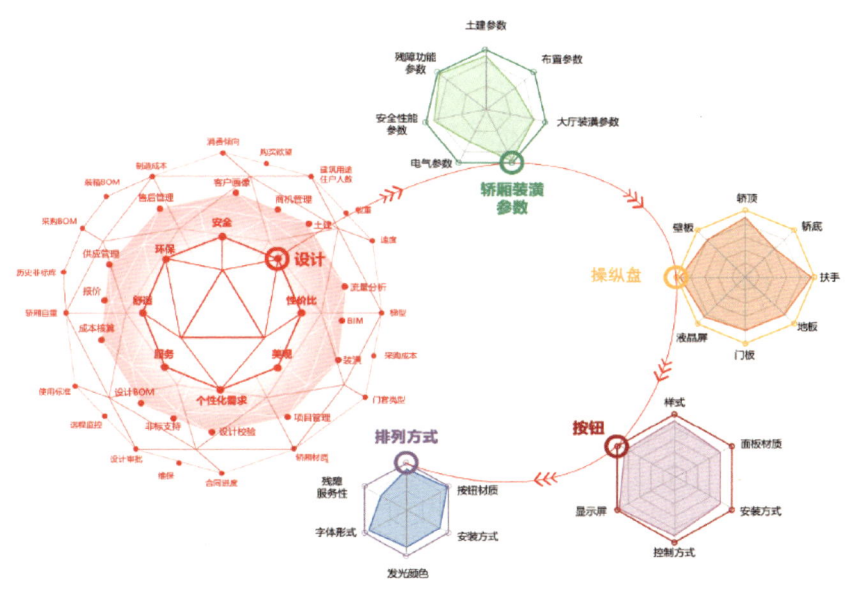

图2 建立知识图谱和形成最优解

213

求。以电梯直梯为例，113个可变参数、可展开4 977个详细参数，可形成1 642 164 118 848个备选方案，平台可以自动推荐平衡用户需求和企业战略的最优方案。

在这个方面，靠人力是无法完成的。在整个过程中，建立机理模型、把知识图谱的逻辑放到系统里，是最关键的一步。中新软件也是经过了20年的完善和产品迭代才实现了通过表格化让客户无须编程就可以建立知识图谱。当然，在这方面有很多著名公司都提供了类似的工具，但还是需要企业大量人员通过编程来实现，不仅是企业自身的工程师要编程，还要请软件公司来配合一起写逻辑，因为企业基本没有独立的部门专门负责写业务逻辑。而现在新兴的工业4.0智能制造企业就因此设立了这样的专门部门。

但是这样还存在两个方面的问题：第一，由于技术工程师的思维偏发散且以创新为目的，而计算机的思维偏严谨，这样就会导致转译成本非常高，而且错误率也很高。第二，即使这两部分合作将行业知识全部写入了计算机，但企业运行是动态的，每年都会有指标和人员变动，那整个系统的维护也是很大的问题。

这也是为什么德国、美国多年前就开始提工业4.0，可真正实现的案例却很少的原因。因为这样的系统建立起来了，维护的成本却是非常高，所以推广也很难。

机械工程师在设计的过程中，70%～80%的时间是在试探，通过不停测试来寻找一个最优方案，寻找新的方向。所以系统就是直接给工程师工具，让他们自己研发、自己写代码、自己测试，然后依据测试结果判断是否是想要的或正确的逻辑。

在进行技术核心点的整合后，就可以建立产品全生命周期的智能化平台（图3）。在前端将三维模型、设计模型与这些逻辑对接，实现逻辑驱动，模型自动运转，就实现了数字孪生。之后再接入后端的物联网，就可以实现闭环管理。物联网最容易实现的行业，也最具核心应用价值的行业，第一是汽车行业，第二是电梯行业（图4）。

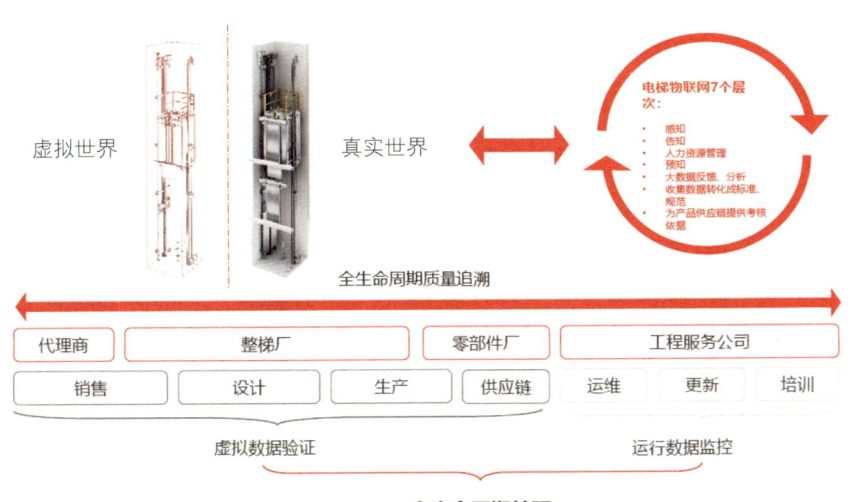

图3　全生命周期数字孪生

转型： 智能制造的新基建时代

- 实时监控，提前预警
- 以设计数据和监控数据为依据，实现按需维保
- 以大量电梯设计数据为依托，建立了110余种故障预判逻辑范式，**200 000** 余种失效模型，支持大数据智能故障预警

1 个平台

4 大系统

8 方联动

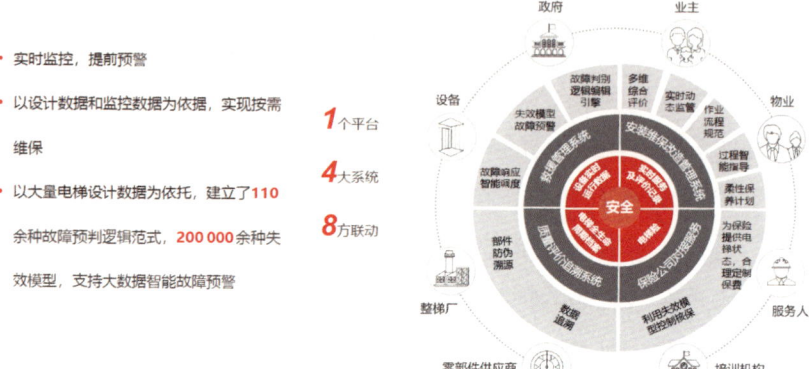

图 4　电梯物联网

在中国，目前的物联网建设很多只是根据后端需求来建立，但是建立物联网之后，却不能和前端的研发设计进行整合打通，所以会形成一个很低效的系统。如果跟前端设计进行整合，应用零部件的失效模型将会知道每个零部件用多少万次和经过几年后会失效，就可以在后端实现智能的故障预判、按需维保，提前告诉客户何时进行零件维修，避免隐患。但是目前这种方法在很多行业包括电梯行业还是没有完全实现。

我们所建的物联网系统应当要根据设备的运转情况来自动生成柔性的维保设计，这也是需要前后端打通。如果维护系统继承了设计 BOM，就可以实现零部件维护的提速了。而现在很多企业都是在后端发现问题，却很难找到当初是哪个设计的版本。此外，还要将设备现场的应用和维保数据进行

应用与实践

采集、整合，再把这些数据和设计对接，反过来指导产品设计和优化。

也就是说，在电梯互联网中有很大一部分工作是优化设计生产，这也是整个物联网的最高境界。实现了这个层面，就认为是实现了互联网的最高级别。目前，实际上也只是做到了第一层信息采集和第二层信息发送，没有真正做到将物联网数据返回，进而影响设计和优化。

在这方面，日本电梯行业比较领先的原因是日本有几十年的经验和大量的数据，经验主要来源于汽车行业，因为日本汽车生产管理也达到了是全世界公认的高水准。日本产的汽车差不多第8年时会到使用寿命极限，而且基本是所有零部件同一时间到使用寿命极限。而电梯行业现在就是在借鉴日本汽车行业的经验，相当于把这些经验和平台设计进行衔接，在电梯行业去实现汽车行业的这种效果。

如何选人、用人，如何因材施教，是企业要打造品牌的重要一关。随着移动互联网的发展，3D技术、VR技术的成熟，可以创建可视化的学习平台，增强互动性，激发员工主动学习。通过线上与线下的结合来强化碎片时间的学习，就可以进一步提高培训的效果和质量。

最早的时候，这些培训体系的建设初衷是在帮企业做安装手册的过程中产生的。因为以前的手册都是纸质的媒体材料，企业从全球总部向全世界发放十几种语言版本的手册，但全球各地的安装人员有不少都是文盲，手册的利用率很低，所以企业会制作一些培训动画和视频，用于人员教学。后来再设计VR技术的交互考核，这样效果就大大提升了（图5）。

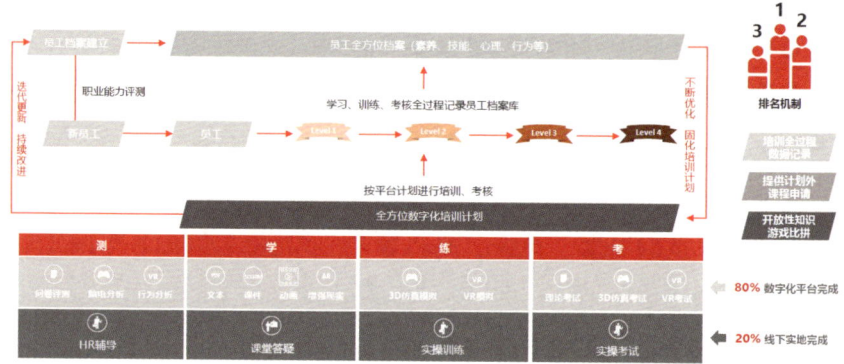

图5　国际领先的数字化培训体系

有了VR技术，可以在教学之后马上进行考试，检测知识是否被掌握。这样一套系统目前在电梯行业已很广泛，并将不少企业的经验融进培训体系，实现了测、练、考三者结合。此外，通过这套系统还可以实现上万人的排名机制，这也是它很强的一个优势。这个系统作为企业内部应用的话，可以用于入职后的人员培训。因为员工入职培训后的流失率非常高，通常员工学习一两个月以后再离职，企业就已经有不少成本损耗了。

该系统和企业需求紧密结合，所以目前很多学校直接将这套系统作为教学大纲，实践国家倡导的产教融合——以产为核

应用与实践

心,再进行融合教育,而不是独立地搞教育。当我们将企业的信息和资源输送到学校后,学校可以为这些企业进行专项人才培养,整个培养过程都可以采用这套系统,来记录学生的学习状态、速度和成绩。

培训之后要到企业入职才真正进入工作。对于企业来说,培养人不如选对人。比如,有的人身体协调性差、性格急躁,就会直接影响作业安全,但这些能力不可能在企业招聘后再去培养,而是应该在录用前就把好关,否则危险系数就很大,工作质量也很难得到保障。再如,高空作业可以利用 VR 场景再现和脑电采集来精准找到恐高的人员或容易发生事故的人员。其实每 100 个人中就会有几人患有恐高症,而且是超级恐高,这些人是绝对不适合做高空作业的,有了 VR 场景就可以提前筛选出来。

通过这样的技术选人会提高我们的客户服务质量和作业安全。在企业中也有很多经验丰富的老师傅凭直觉就知道哪些人会出问题,而这种经验和判断能力在很多企业中已经开始慢慢地数据化了。当然随着技术进一步成熟,该系统在电梯行业和更多劳动密集型行业都将会起到一个助推作用。

3 案例分享

我们对整个聚合系统所能创造的收益也进行了全面的统计。聚合系统涵盖了销售设计到工厂生产制造、现场安装的过程，也包括物联网和培训的支撑，实现整个离散制造体系的重建。企业方面的主要受益在于订单增长、人力资源的节省、产品质量的提升、软件投入的降低，当然还有材料成本的降低。因为系统都是通过计算机进行联通的，一般会在设计的时候就考虑工艺和电气的冗余，自然会节省掉部分材料成本。

最好的例子是在某日系企业应用了聚合系统，实现了产量增长两倍、技术人员减少了10%的效果。有些欧美企业采用中新软件系统自动设计，一般是因为很看重产品的不良率和产品的质量，能节省1 000多万的不良成本，在业内也是比较高的成绩了。

在中国有88家企业及院校采用了这套系统，15 000余人进行了这样的系统培训，每年为企业节省了很多差旅费和误工成本，间接带来大量的经济效益。当然还有意外收获，那便是通过系统里上万人的不断操作，会发现在某一环节中的问题，如果三个人以上照做都出现错误的话，就可以判定为是安装手册或安装设计的问题造成了员工理解错误，因此也可以通过这套系统将数据采集后再返回到研发部门，进而指导产品的安装和调整。

中新软件在电梯行业的技术应用和十几年的合作经验，已经在很多企业都得到了高度的认可。目前已将主要的案例教育全部上线了，包括安装、维保、检验、事故案例。

欧美某企业在中国有46个分公司，共12 000余人。企业

应用与实践

在实施这套系统之后得到了一个意外惊喜,就是可以将系统的排名机制与公司 HR 结合起来进行人员能力提升和晋级考评。正是因为有排名机制,激励着员工去挑战和刷榜,当然主动学习的员工也得到了领导的认可和相应的工资或职位的提升。这就是我们所说的企业可以从中获得额外的收益。

除了这些,我们对整个聚合系统所能创造的收益进行了全面的统计。从工厂安装到物联网培训再到整个离散制造体系的重建,我们统计了整个行业的总体收益(图6),是一个平均值。企业的主要收益在于订单增长、人力资源的节省、产品质量的提升、软件投入的降低,当然还有材料的成本降低。因为系统都是通过计算机进行联通的,一般会在设计的时候就考

图 6 大型电梯整梯公司、部件厂在应用中新软件系统后具体收益系统应用成功案例

虑到工艺和电气的冗余，自然会节省部分材料成本。一家日企实施了整个聚合系统后实现了产量增长2倍、技术人员减少10%的收益。

在将近20年的合作过程中，中新科技也充分地体验到这些优秀企业在应用工业互联网或者智能系统的一些思想，如有的是从上至下地进行，有的是重在打通连接，有的是进行整个行业协同。所以当中新软件把这些经验用于中国企业项目落地的时候进行了很多尝试，进行了大量整合，开发出一个全新的产品适用于未来工业互联网的发展。

中国有很完整的产业链，所以很多企业可能只使用平台的一部分，不能达到效率最优。但中国目前已经是全球的制造生产基地，拥有全球最大的客户群体了，在数字化转型过程中应该具备绝对的优势。所以，对于工业互联网来说，需要大量的样本基础才能智能化发展工业互联网，在这点上，我们有绝对的优势可以发展得很好，我也愿意和各位分享经验，与各个行业的伙伴一同努力，把中国制造业提升到一个新的台阶。

面向消费类电子产品规模化定制

成亚飞
深圳模德宝科技有限公司总经理

1 从"一枪难求"讲起

在新冠肺炎疫情期间,口罩、酒精、消毒水和额温枪变成了非常紧缺的战略物资。为什么买不到口罩和额温枪,而在微信朋友圈却有很多商家在进行防疫物资的倒买倒卖呢?疫情期间几毛钱成本的口罩被卖到几块钱,额温枪价格更是涨得离谱,新浪财经曾报道额温枪"一枪难求"的乱象。

额温枪是一个医疗产品,也属于电子产品,实质上是一个典型的智能硬件。深圳是中国电子产品的主要设计及生产地,也是额温枪最大的制造基地。成本不到50元的额温枪在网上商城的普遍售价是100多元,而在疫情期间,售价达到500元,有些甚至突破了1 000元。从额温枪的生产数量以及供需情况，通过对其供应链的深入分析，就会明白涨价或断货背后的逻辑。

以深圳为代表的粤港澳湾区是中国智能硬件的生产基地。根据2020年2月26日的数据，中国市场销售额温枪的企业实质上有136家，而成规模的企业仅44家。从地域上来看，广东以106家排名第一，其中87%是在粤港澳湾区。2020年一个月新增注册的厂商就高达上四十几家，而2019年额温枪厂商只新增了一家。

2019年中国的额温枪产量接近40万支，而2020年1—3月期间，我国的额温枪需求量已经超过2 000万支，也就是说，两个月内额温枪的需求暴涨。额温枪厂商要生产2 000万支产品供给到个人、企业、医院等，这个难度是非常大的。尤其是在春节期间，工厂工人普遍都在休假，加上疫情导致的复产复工严重不足，要调动整个供应链来生产数量如此庞大的产品是极其困难的。

从工商注册的数据来看，正规的额温枪生产厂商其实只有100多家。但是在微信朋友圈，可以看到很多从未听说过的、各种品牌、各种颜色、各种形状的额温枪，其中绝大部分的产品没有拿到医疗许可，大家在利益的驱动下纷纷开始生产额温枪。

微信朋友圈的额温枪是如何在一个月内诞生的？

首先要了解下额温枪的结构和工作原理（图1）。将额温

应用与实践

枪拆开，可以看到其主要部件包括红外测温传感器、微控制单元（microcontroller unit，MCU）、存储器、蜂鸣器、液晶显示屏、电池、印制电路板（printed circuit board，PCB）、外壳及包装等。相比较其他产品，整个额温枪的元器件数量是比较少的。

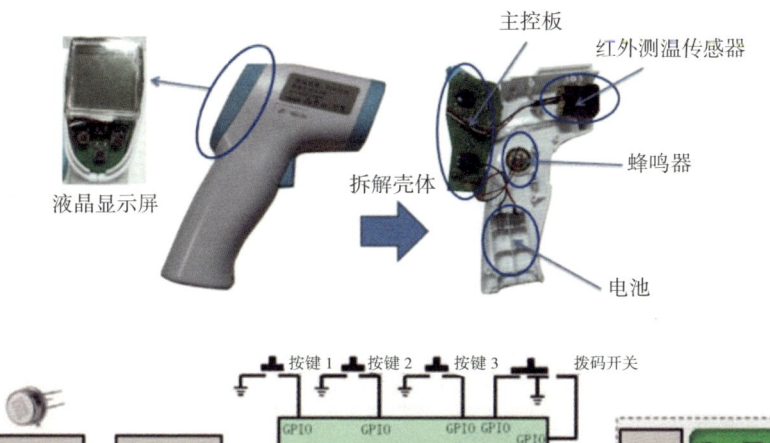

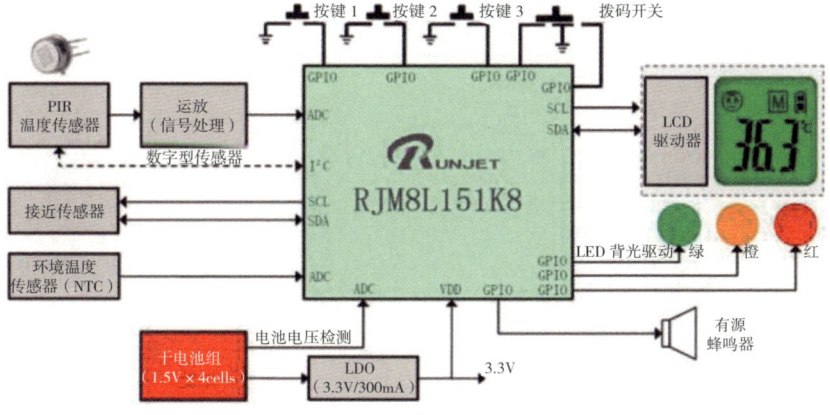

图 1　额温枪的结构图和原理图

额温枪的工作原理也比较简单,首先由 PIR 温度传感器、接近传感器、环境温度传感器进行数据采集,再经过中央芯片处理之后就会得到要显示的温度。但相对其他的消费类电子产品,额温枪就是一个非常典型的、功能比较单一的产品。

要组装一支这样的额温枪,零部件供应链非常重要。图 2 是微信群中一款预售的额温枪信息,为什么卖家会强调有 4 家模具企业同步生产 20 多套模具用于其结构件生产呢?

因为模具是依靠技术工人单件生产的,其他零部件基本上是标准配件,如 PCB 板是全自动化的无人化生产,可以快速交付。因此,要想快速获得产品,就需要尽快解决模具生产的问题,有了模具后其结构件就能快速地生产出来。有些商家自

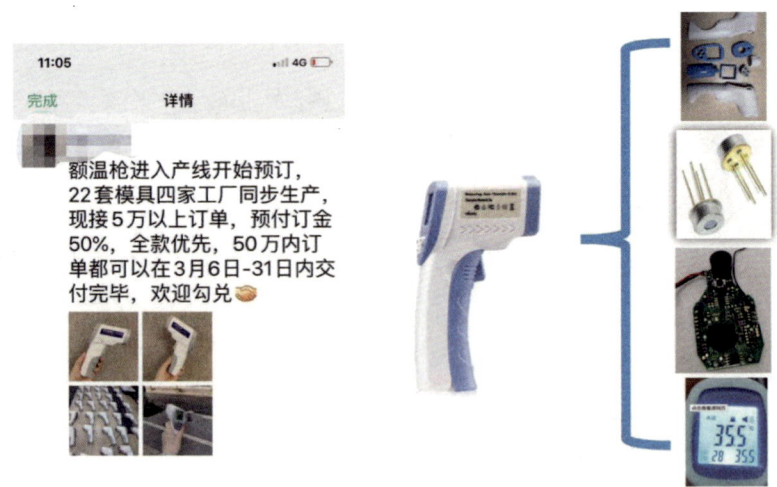

图 2　朋友圈中的额温枪如何诞生

应用与实践

己买传感器进行组装，甚至连传感器封装都是自己做的，朋友圈中展示的额温枪很多就是这样生产出来的。粤港澳湾区有非常便利的条件，为额温枪在一个月内 1 000 万支的产能供给提供了保障。

当然额温枪只是电子产品的一个代表，像手机、扫地机器人、无人机、笔记本电脑等，也都属于智能硬件。这些产品的生产过程与额温枪类似，只是复杂程度和测试过程不一样。

2 智能硬件的发展趋势

《时代周刊》2019 年发布的年度最佳发明中有 3 个中国的产品，一个是联想的 ThinkPad，一个是胡桃科技的智能平板，还有一个是睿魔智能的 AI 智能摄像头（图 3）。后两者都是在东莞松山湖机器人产业基地孵化出来的产品。

在过去很长一段时间里，《时代周刊》的最佳发明都没有中国公司的产品，直到 2015 年大疆 Phantom 4、2016 年大疆 Mavic Pro 和 2017 年大疆 Spark 无人机入选，到了 2019 年中国更是有 3 款产品入选。

粤港澳湾区的发展过程也反映了过去 30 年我国智能硬件制造的发展历程。在 20 世纪八九十年代，以富士康为代表的代工公司是给苹果、惠普、联想、三星、诺基亚等企业做代工生产的。正是由于代工积累的产业链规模和技术，为中国的

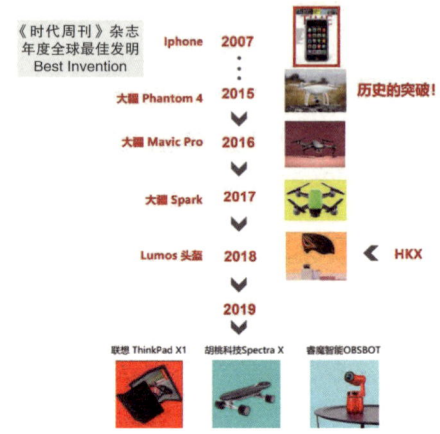

图 3 《时代周刊》2019 年度最佳发明

制造业奠定了发展基础,特别是电子制造业。20 世纪 90 年代是属于白牌机的时代,同时家电行业也蓬勃发展。21 世纪初,深圳及周边地市开始涌现了一批有竞争力的民族企业,如华为、大族激光、中兴、TCL 等。

紧接着就迎来了一个品牌时代。以大疆为代表的学院派创业,打造了世界一流的产品,占据了无人机市场 75% 的份额。得益于粤港澳湾区建立了完善的智能硬件产业链,如产品设计、零部件制造、样机制造、大规模生产、仓储物流等,这些产业之间形成了非常完备的协同体系,从管理体系、人力资源到配套设施等,为大疆这类世界级品牌的诞生提供了优良的条件。

应用与实践

随着全球化竞争加剧，我们期待有更多类似大疆这样的中国企业诞生和崛起。只有这样，我们才能摆脱以代工和山寨为主的制造工业体系；只有拥有了自己的品牌，整个制造业才会有更多的利润，也才不会受制于人。

3 智能硬件规模化定制的条件

重视产品体验的新消费群体强势崛起，尤其是以90后、00后为代表的青年消费群体，他们不再停留在满足基本的生活需求，而是倾向于改善生活品质，关注智能化、个性化的产品性能。小批量、多品种、满足消费者个性需求的产品已经成为发展趋势。

因为年轻人越来越追求时尚、追求与众不同，电子产品的生产就没有办法像从前那样，把同一个产品生产出几百万甚至上千万件，可能生产十万、二十万件就已经非常多了。但目前的制造体系依旧停留在大规模制造上，随着需求个性化需求的不断强烈，一定会带来产业的重构。其中，服装和家具行业已经在逐渐开展个性化定制了，但智能硬件产品为何很难实现？

要满足个性化定制的需求，行业还需要克服很多障碍：第一是大规模连接，第二是大规模定制，第三是产业协同（图4）。

图 4 个性化定制的三大障碍

实现智能硬件产品的规模化、个性化定制，意味着产品更新速度会非常快。在了解了消费者的习惯和内在需求之后，需要根据设计创意，利用制造资源快速进行样机生产，提供给消费者，然后再不断迭代完善，直到满足客户需求。这种产品创新的过程跟以往批量化生产非常不一样。以前整个生产制造的中间环节很多会被缩减。当样机出来之后，基本上是可以直接推向市场的。由消费者驱动生产，即利用前端收集到的消费者偏好数据，采用定制化的思维生产符合消费者喜好的产品，并用尽量短的路径将产品送达消费者。

在个性化定制的过程中最重要的是什么？是供应链，以及对制造方式、生产产能、产品设计的变革。现在很多企业都在经历这样一个变革，这也意味着今天的产业结构正在被重构（图 5）。

现在的消费型电子产品已经不能用"一招鲜吃遍天"的策略了，靠一个产品就撑起几百万件的销量几乎不可能。一款智能硬件的产品能有 30 万的产量已经是非常优秀了，而且生命周

应用与实践

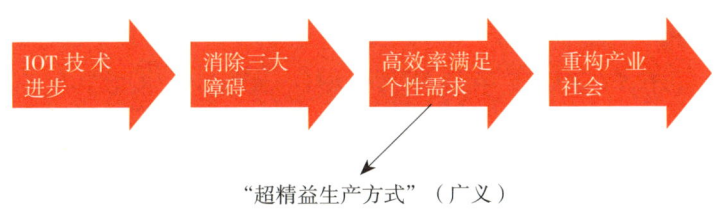

图5 历史重大机遇期——产业社会重构

期也越来越短。另外,由于客户对产品颜色、形状、功能和价格的需求不同,也会衍生出各种不同的品牌种类和产品类型。

以更复杂的真正无线立体声蓝牙耳机(true wireless stereo,TWS)为例,它的生产过程主要是从外观设计、结构设计、耳机调音,到电路选型,最后到大批量生产(图6)。蓝牙耳机的构成主要是一些标准的元器件,即使是不同品牌

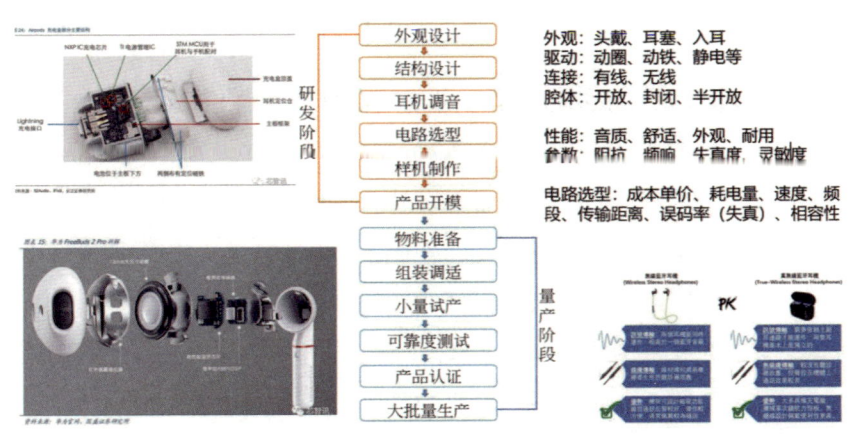

图6 蓝牙耳机开发流程

231

的耳机,也都是同一家公司的芯片处理器,而且PCB板形状大同小异。所以,在蓝牙耳机中,公共电子元器件占了一半以上,差异主要在于外形结构件。而这些外形结构件,就是通过不同的模具来制作的,有几十套模具来生产外壳,以支撑产品的多样性。

由此可见,模具的生产制造其实是电子产品更新换代、品类扩展的关键环节。但是模具是不能够批量生产的,基本是靠技术工人和有经验的老师傅生产,因此效率低、成本高、周期长,所以模具就成了制约快速量产的一个重要瓶颈。我们会看到很多产品企业有专门的模具制造厂,非常多的产品就是通过更改外观后再推出,即所谓"新瓶装旧酒"。这种方式其实就是在迎合大众逐渐个性化的消费需求,而实际产品中的核心部件可能变化不大。

4 基于产业互联网打造智能硬件创新生态

要实现快速个性化定制,只有一家工厂是不可能完成的,而是需要整个产业链的协同(图7)。这也是所谓的"C2B2B2C",就是要把外部企业通过一个平台进行数据渗透和连接,实现用户需求与生产制造的高效协同。新冠肺炎疫情期间,额温枪的快速生产在某种程度上也是在践行这样的体系,否则是没有可能在一个月之内创下2 000万支的产量。

应用与实践

图7　需求与生产的协同
（来源：腾讯产业互联网研究报告）

　　C2B2B2C模式（图8）通过对海量C端用户的消费习惯及消费数据进行分析，找到用户痛点，为产品开发者提供精准的产品定位。产品设计完成后，通过工业互联网平台精准对接工厂，工厂根据产品制造需求快速匹配制造工艺大数据，通过智能化的工厂及柔性供应链的能力，采用制造协同和产能共享等方式，实现用户需求和生产运营高效协同，从而实现规模化订制生产，快速帮助产品开发者把设计变成真实产品。产品生产完成后，通过销售平台快速对接用户，实现从消费需求（C）—创客（B）—制造平台（B）—销售平台（C）的产业链闭环。

233

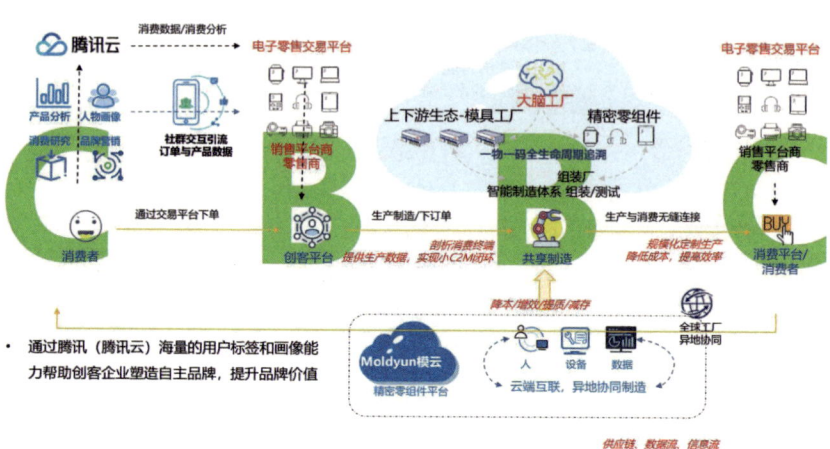

图 8　消费型电子产品 C2B2B2C 的规模化定制平台

我们再看看额温枪这个案例。首先，出现大量需要额温枪的消费者就会相应地冒出一批想要生产额温枪的企业/人员，这已经形成了一个创客平台。另一端就会通过各种关系去大量采购额温枪所需要的零件组件，当然在以前这是由一个公司的采购去执行的，但是现在通过微信形成了平台化。由于目前还没有现成的额温枪零部件供应平台，所以他们之间需要线上沟通、线上或现金付款和跑期货的方式来完成采购。其中模具是个很重要的环节，可能需要几十个工人进行开模。正常情况下，这套模具从设计到生产至少需要花费十几天到二十天。由于订单交货期紧急，只能通过协同生产，再通过物流体系把买到的零部件和模具送到组装厂，这也就是共享制造。新冠肺炎疫情期间有很多额温枪就是这么生产出来的。

在这个过程中，整个系统所连接的客户需求信息在后台是共享的。信息的互联互通为这些产品的快速交付提供了非常大的便利，也为在一个特殊时期提高了快速交互的能力。因此，有了这样的一个信息互联互通、产业链协同的平台，就可以极大地促进产品的瓶颈结构件的生产，加快整个生产交付周期。经历这样一场"战疫"后，我们也确信了平台化协同制造是未来行业发展的关键，也坚定了进一步发展新的制造技术、持续为制造企业赋能的决心。

疫情期间，一些企业用"模云"SaaS平台（图9和图10）来快速复工复产，通过模云平台把工艺设计、编程排产等全部流程进行统一部署和管控，并且把客户需要的产品信息进行知识化。即使在人员非常少的情况下，这套系统也能够自动处理工艺参数，帮助企业快速地进行生产。

图9 "模云"SaaS平台系统

图 10 "模云"系统功能架构

事实证明,有了好的平台系统,企业的复工复产速度和应急能力有了非常大的提升。传统的精密制造都需要大量技术性的工人,而今天通过数据库驱动制造的方式,把工人的知识和经验在很大程度上进行系统化和大数据化,所以即使在基本没有技术工人上班的情况下,普通工厂也能通过系统平台驱动设备进行生产,从而快速做出高品质的产品。

在未来的智能硬件行业发展过程中,尤其是在粤港澳湾区,一定会形成一个协同共享、共创共荣的生态体系。

希望有更多企业加入进来,在大家的共同努力下,打造一个知识共享、产能共享、协同发展的新生态。

数字孪生与航天系统工程应用

方志刚

西门子数字化工业软件大中华区副总裁兼首席技术官

美国企业家埃隆·马斯克创建 Space X 公司的目的是加速火箭开发，在火星建立自给自足的永久基地，旨在让人类成为多行星生物，以规避因地球毁灭性灾难造成人类文明灭绝的风险。选择火星的主要原因是火星离地球最近，其环境比其他星球好。金星、水星离太阳近，气温高，不适合人类居住，且登陆土星和木星对目前的航天技术来说是一个巨大的挑战。火星重力场是地球的 38%，温差也是可接受的，一天的时长和地球差不多。火星也是人类除月亮之外最了解的星球，全世界已进行的火星探测活动达 40 多次。除了美国外，欧盟、俄罗斯、以色列、印度、日本及中国都探索过火星，此外还拥有火星版的 GPS 和火星的全套地图。火星离地球最近的距离为 5 500 万千米，以目前的火箭技术分析，人类 6~8 个月可以到达，而 400 年前航海家出海一次就长达半年甚至一年，旅途时间是可以接受的。

1 数字孪生赋能提早实现移民火星

数字孪生的一个重要作用就是能促进提早实现移民火星。如果使用目前的技术，去火星的人均费用大约需要 11 亿美元，只有将成本降低至其五百万分之一才有望面向全民。为了实现技术上的持续突破，Space X 公司和 NASA JPL 都采用了西门子数字孪生技术。数字孪生本质上是整合的基于模型的系统工程（MBSE），通过全系统、多学科、多层次的数字化，可以让我们先在虚拟空间中对火箭、飞船、火星环境、飞行过程、着陆过程等进行设计、仿真与验证，从而大大降低研发和实验成本。图 1 是数字孪生整体系统框架，左边是产品定义和系统模型，右边是产品验证与确认，中间是领域工程、领域建模与仿真，最底下是系统全生命周期管理。该系统工程有七个主要部分，即产品定义、特征整合、网络设计、电路分配系统、产品验证、最优化设计和嵌入式软件发展。

西门子工业自动化和工业软件产品组合起来可以有力地支撑数字孪生，主要可从五方面来看：第一方面是机电软多学科的工具链，包括设计、仿真和工艺工程等；第二方面是工程

应用与实践

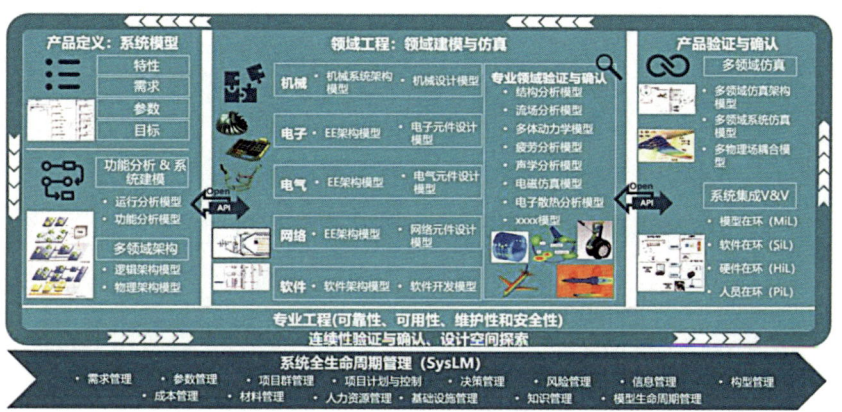

图 1 数字孪生整体系统框架

世界的连接；第三方面是生产设备和系统的数字化；第四方面是物联网世界的连接；第五方面是个性化的数字孪生。Space X 公司和 NASA JPL 也在此基础上建立了持续优化的创新平台。

2 MBSE 在航天系统工程中的应用

系统工程产生于 20 世纪 40 年代并逐步形成体系。1969 年，美国的阿波罗登月计划成功运用系统工程的科学方法，按预定目标第一次把人类送到了月球。从此系统工程受到了世界各国的高度重视，并获得迅速发展和广泛应用。

NASA 的系统工程手册将系统工程定义为"用于系统的设计、实现、技术管理、使用和回收等有条理、规范化的方法论"。系统是不同元素的组合，可以提供单个元素本身不能提供的功能。系统工程把系统的各部分看作一个有机的整体，通过多种流程、方法、工具以实现系统结构和功能的最优化。系统工程专注于开发周期的早期阶段，分析引出客户需要与必需的功能，将需求文件化，然后再考虑完整问题，也就是系统生命周期期间进行设计综合和系统验证。

NASA、马歇尔空间飞行中心（MSFC）和欧洲航天局（ESA）等在航天工程中全面发展、运用了系统工程的思想，先后制定和执行了阿波罗登月计划、航天飞机工程和国际空间站工程等，这些都是系统工程在航天领域中取得成果的著名范例，并成为国际上系统工程标准制定的依据。

多年来，系统工程在航天领域的持续应用和发展呈现了以下特点：

（1）系统工程标准体系日益完善。NASA已建立了规范性的航天器设计指南和技术标准体系。新近，NASA又启动了一项技术标准计划，将通过吸收非政府标准、开发新标准、共享国家和国际标准来进一步完善系统工程标准体系。欧洲空间标准化合作组织（ECSS）在ISO、NASA、ESA／PSS及各航天公司的标准基础上，形成了系统、全面和不断更新的系统工程标准体系，使航天器系统工程实施均可以找到完备的技术依据和活动程序参照。

（2）系统工程支持能力日益提高。NASA、ESA等机构都开发和采用了航天器系统设计与仿真平台，并组建了协同设计机构,为各类复杂、大型任务的系统级设计分析仿真提供了较全面的支持。例如,由 NASA 开发的先进系统工程环境系统和飞行器仿真系统等技术的大量应用,较好地实现了对系统工程的支撑能力。

(3)系统工程长效机制不断完善。纵观国外各类系统工程技术的发展,可以发现系统工程技术能力的突出优势体现在:已形成并进一步优化系统工程技术活动的规范工作程序;不断增强系统工程的应用平台与仿真试验支持能力;形成了充分利用研制经验,对系统工程能力不断丰富与完善的长效机制,并具有较为长期的发展规划与部署。

就我国而言,中国航天之父、功勋科学家钱学森在开创我国航天事业过程中,也开创了一套既有普遍科学意义,又有中国特色的系统工程管理方法与技术。钱老在 1982 年出版的《论系统工程》中指出,系统工程是组织管理系统的规划、研究、设计、制造、试验和使用的科学方法,是一种对所有系统都具有普遍意义的科学方法。1986 年钱老以系统学讨论班的方式开始了创建系统学的工作。在讨论班上,钱老首先提出系统新的分类,将系统分为简单系统、简单巨系统、复杂巨系统和特殊复杂巨系统,并通过应用技术层次的系统工程,技术科学层次的运筹学、控制论和信息论等,基础科学层次的系统学,构建了三个层次结构的学科体系,三个层次结构的系统科学通过系统论通向辩证唯物主义。

在参与组织领导我国航天事业的实践中，钱老也创立了航天系统工程的组织管理方法，将其应用于航天科研生产管理过程，引领中国航天走出一条正确的技术发展之路。系统工程的应用，推进了航天系统工程的科学体系建设和科技人才队伍培养，形成了沿用至今的航天"三步棋"指导方针，帮助提出了中国航天工程计划的一系列指导原则；协助国家制订了《1956—1967年科学技术发展远景规划纲要（草案）》及相应的航天规划与计划，为中国航天的发展奠定了坚实基础；引领中国航天走向组织管理科学化、规范化与程序化；推动了总体部的建设，形成了中国航天一整套有特色的科研管理方法；使中国航天战线逐步形成了相对独立、相互协调、相互制约的六个体系：科学、严密的决策体系，以专项管理为核心的组织体系，以总体设计为龙头的技术体系，综合统筹的计划体系，系统规范的质量体系，坚持创新、创造、创业的人才资源体系，发展成具有管理创新的航天型号项目管理模式，使中国航天工程成为实践系统工程的典范以及系统工程理论和发展的重要贡献者。

3 航天系统复杂性演进对传统系统工程带来的挑战

近年来，各国复杂工程系统的研制任务数量在大幅增加，涉及的学科、子系统数量增多，性能指标要求不断提升，系统的复杂性不断提高，而研制成本更是居高不下。NASA在2011年指出，系统工程未来将会面临严峻问题：一是航天工程规模与复杂性逐年增长，而工程师处理复杂系统问题能力的增速却跟不上系统复杂性的增长速度；二是利用自然语言并基于文档载体的系统描述，难以使设计人员充分洞察系统层的交互、系统级的特征和潜在的风险；三是各类文档报告数量多、相互独立、缺少逻辑性，在系统项目各阶段之间及项目之间难以实现知识的继承与复用。美国国防工业协会（NDIA）在2013年年终报告中同样分析了系统工程面临的问题，除了指出与NASA报告中相似的问题，还指出系统工程存在着工作成果利用性和移植性差、不同领域具体工作的颗粒度与成熟度差异大，从而难以集成的问题。

就我国航天工业而言，同样面临产品复杂性提升带来的一系列挑战，而且结合我国工业体系的特点，有许多关键能力需要突破：一是跨地域、跨单位研制模式要求提升协同能力，急需通过设计资源集成共享平台来研究、探索如何跨单位、跨专业实现数据共享的难题，基于数字线程技术构建设计、分析、制造、试验统一模型，实现对研制过程中不同研制单位在进度计划、质量问题、物资配套等方面的协同管理，提升研制、管理、质量等业务活动的协同能力。二是基于现有设计资源及经验实现创新设计能力，急需有效的信息化技术手段将研发设计资源和经验方便快捷地按需推送到设计人员桌面加以利用，开展专业设计模板、流程模板、试验规程等知识分类、模板设计和知识协同环境建设,提高知识积累与重用能力,支撑航天产品的快速设计与创新设计。三是设计资源与产品研制生产流程深度融合能力,迫切需要建设基于三维模型的工艺知识库,采用数字化工艺与制造技术,实现制造执行过程的数字化、自动化、柔性化,建立满足总装集成与配套加工要求的数字化生产线,提升产品生产与快速交付能力。

4 复杂系统驱动系统工程转型

从系统工程到复杂系统工程,系统复杂度不断增加,传统的系统工程方法难以高效沟通的原因是信息传递主要基于文件。文件传递的是静态信息,文件之间的依赖性很难追踪,当数据量大的时候就失去了对数据的有效管控,还带来了版本、版次等大量管理问题。而传统的产品数据管理解决的也主要是结构领域,对于电气、电子、液压等其他学科也缺乏有效的管理方法,同时对复杂系统的研发过程也缺乏指导方法,如需求、结构、行为和参数等。系统开发的复杂性也给开发过程中所应用的工具带来了更大的挑战,对于异构的专业工具来说,离散、缺乏关联的系统和数据无法满足多学科协同的系统要求。

MBSE 可以解决复杂系统工程的问题,是在复杂产品背景下进行协同产品开发的最佳方法。相对于文件传递,模型传递的是动态信息,包括了需求、结构、行为和参数,可以使整个

应用与实践

组织各专业、各技术领域的人更容易理解系统。比如，以前的机械设计都是二维设计，后来到三维设计，现在既能三维设计仿真，又能三维标注尺寸，还可以三维制造仿真。基于模型，在整个过程中，任何时候工艺对设计提出更改，制造对工艺提出更改，大家传递和使用的还是同一种模型，不会产生歧义。任何时候发生变化，就去修改模型，不管在哪个点上修改，都能实现全程传递。因此，为了在多学科之间实施系统工程，必须有支持跨专业、跨学科的统一的模型表达语言，为系统工程中的逐级分析与验证提供基础（图2）。

在传统系统工程中，我们以前长期使用的是瀑布型开发模型，后来使用了V型模型，现在需要在V型模型中间再加一个模型库，这三个模型的变化是什么？传统的系统工程是基于确定论和设计论，也就是我们通常在系统工程的开始就要"冻结需求"。而复杂系统工程基于进化认识论，要不断地适应变化。需求是无法在一开始就冻结的，因为系统太复杂，以至于不可能一开始就对需求认识得很清楚，而是在整个过程中不断完善。需求阶段就要基于系统的运行场景进行设想。所谓场景，就是要有情景，有人物、角色，有故事情节中的动态行为和逻辑顺序。实际上就是要有"推演"，这相当于今后的系统工程师的角色和导演，需要知道故事情节是什么，剧中的角色该以什么方式去行动，输入是什么，输出是什么，整个过程都要设想清楚，才能描述场景。这些场景分析，并不是一开始出现

245

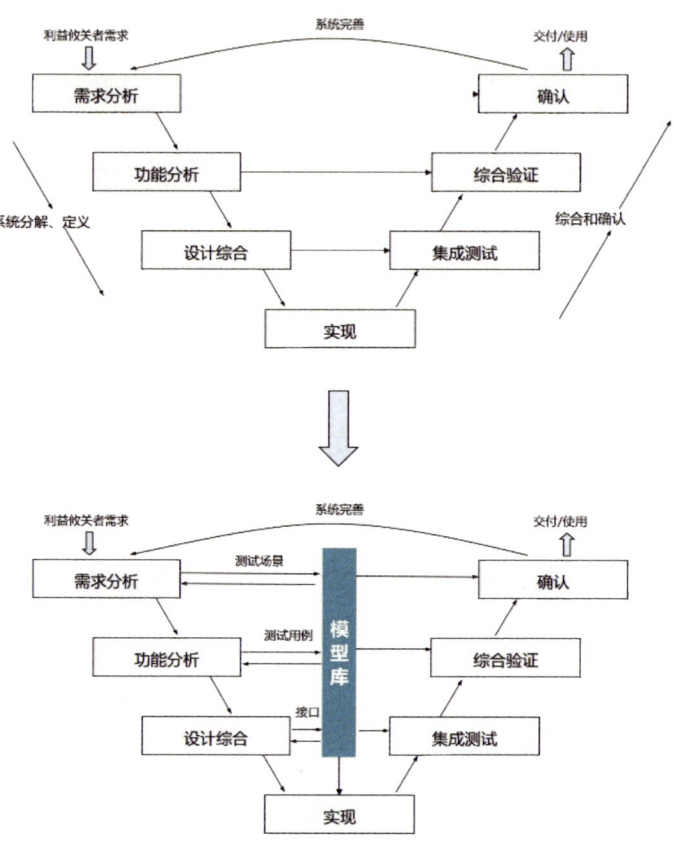

图 2　复杂系统驱动下的系统工程转型

一个概念,把概念变成设计再制造,然后再去试验,试了不成功再去调整。基于模型的系统工程,不是在 V 型模型的左边完成设计,等硬件在底端制造出来,再去 V 型的右边综合和验证,而是在 V 型的中间插入一个模型库,V 型的左边每一步都和模型库对应,进行虚拟数字环境下的设计、制造、装配、试验、验证等全过程,就是以 V 型的左边和中间的模型库实现全 V 过程的虚拟化,并快速迭代,最后等硬件制造出来就实现了"一次成功",从而使 V 型的右边得以顺利快速地完成,而这对于传统系统工程来说,V 型的右边往往是工程延迟和失败的危险区。NASA 讲的"建造前飞行(fly before built)"就是指开始并没有制造,在虚拟数字环境下基于模型去设计、制造、试验等,就可以看到最终场景,并在整个过程中不断完善需求,不断适应变化。这就是 MBSE 所带来的巨大变革。

所以,面对复杂系统,应对的策略是以科律性的流程-结构化的过程知识来应对复杂系统结果的不确定性;以系统化的模型-结构化的元素关系,来应对复杂系统工程的可演进性。

2007 年,国际系统工程学会(INCOSE)在《系统工程 2020 愿景》中提出 MBSE 的定义:对系统需求、设计、分析、验证与确认等活动的建模行为的形式化与标准化的应用,这种建模应用从系统概念设计阶段开始并贯穿系统开发及之后的生命周期。INCOSE 强调,MBSE 是未来系统工程方法与技术的发展趋势,是系统工程领域的一次变革。

2010 年,对象管理组织(OMG)对美国各家军工企业的 MBSE 应用情况进行调研,结果表明 47.2% 的企业已经将系统建模集成进业务流程,NASA 十大中心已经明确要求系统论证交付物必须是模型,洛克希德·马丁公司潜艇设计团队在进行全新潜艇电子系统设计过程中花费1年时间将原来的文档全部转换为系统模型,建模对象包括来自于20个项目办的35套分系统、3 500条接口需求、500项服务、5 000个接口实体模型、15 000条模型元素之间的关系,通过模型化描述的方式解决了其过去复杂系统工程过程中变更管理不易开展的问题。此外,美国国防部对系统工程研制模式的革新格外关注。2013年,美国国防部"负责系统工程的助理部长帮办"和"海军航空系统司令部"联合支持美国国防部系统工程研究中心开展"通过MBSE实现系统工程转型"的研究,旨在通过MBSE对现行研制模式进行全面梳理与重新组织,实现转型升级。德国"工业4.0实施规划"中将"利用模型掌握系统复杂性"列为8个未来重要活动领域之一。这些数据和信息表明以美国、德国为代表的工业强国充分重视MBSE,已经就MBSE开展了较为广泛的实践应用与持续创新。

鉴于以模型为中心带来的巨大价值,MBSE可以进一步拓展应用到所有的工程领域,从SoS工程、系统工程、机械工程、电气工程和软件工程等都以模型为中心,从而实现整个系统全生命周期的基于模型的工程(MBE),进而实现全生命周期的协同产品开发、多学科多属性的空间探索,以及基于数字线程技术的连续性闭环验证与确认,如图3所示。

应用与实践

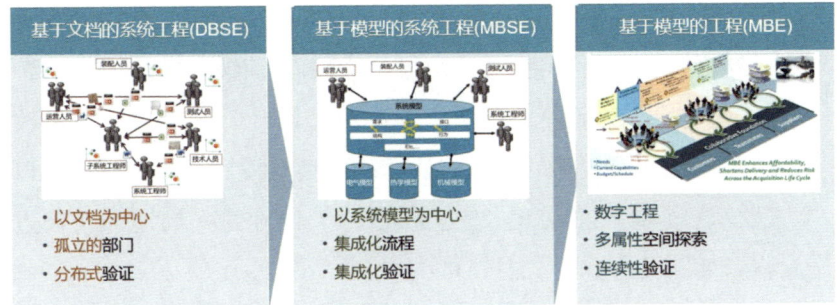

图 3　DBSE 到 MBSE，再到 MBE

5　Space X 公司在系统工程中的螺旋型开发模型

经典的系统工程有"规划—设计—建造—测试"这四个步骤（图 4），并且强调要将工作前移，尤其概念设计阶段要进行大量的方案对比、仿真分析，并选出最优的方案，避免频繁地改动。因为越到后期，系统改动带来的经费开销、进度的延迟均很难承受，所以前期一定要充分论证。Space X 公司的专家给这种传统做法取了个十分通俗的名字：heavy front SE，即在系统工程的前期投入了大量的工作。

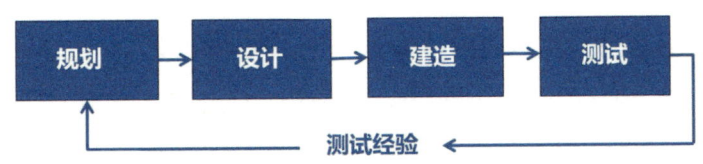

图 4　传统系统工程研发流程

249

但 Space X 公司认为，与其在前期论了又论，考虑到各种可能性，而且还不能保证结论一定正确，不如撸起袖子先干！在实践中发现问题，及时改进，然后设计、生产、验证再改进。这就需要快速的决策、快速的原型开发和高效的验证，以减少这种做法的风险。他们将这种工作称为多周期的迭代过程，如图 5 所示。

图 5　Space X 公司敏捷开发流程

Space X 公司将其成功实现这一点的原因归结于组织机构的敏捷性、低的迭代成本和处理低层次需求的能力。

传统的系统工程采用瀑布型开发模型，设计自上而下逐步细化，测试自下而上逐步集成，是分层次开发的，逐层对需求和设计进行细化。

Space X 公司似乎等不及这种层层分解的工作，而是喜欢螺旋型的开发模型，如图 6 所示。

螺旋型开发模式的核心，就是不断地设计迭代，持续地继承和发展已有的设计成果，这也被证明是敏捷开发模式的一种，在这过程中需求可以经常变更，因为连系统工程的专家也认识到，"在设计周期中过早地编写详细的规范要求，可能会

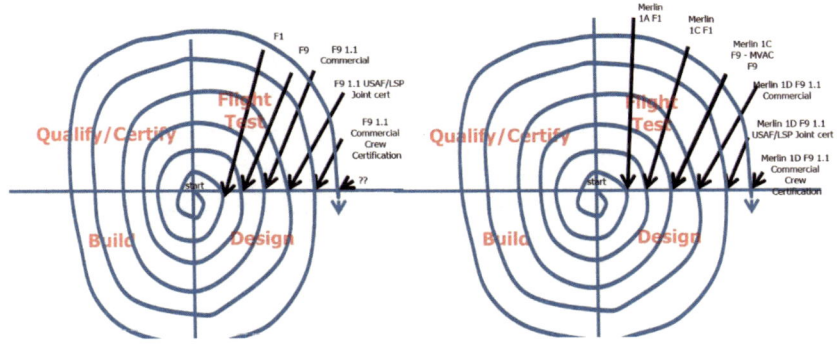

图 6　Space X 公司的螺旋型开发模型

过度限制设计并排除更安全、更负担得起的解决方案,因此需求的确定也需要反复迭代"。既然如此,就不要期望需求从一开始就提得十分准确和完整,边做边看吧!现在甚至连 NASA 的载人飞行项目也已开始考虑敏捷开发过程了。

而 Space X 公司的做法如图 7 所示,仅关注关键的设计要素,抓住主要环节,通过调整这些参数来优化性能,以满足顶层的需求。通过建模和分析、建造原型产品进行测试等,对参数的调整进行验证,并将这些单元放置在通过预计或实际测量出的环境内进行鉴定,随后直接进入系统集成验证阶段。

像飞行一样测试(test like you fly),是航天界非常重要的一条经验,我们也经常强调减少天地测试状态的差异性。但 Space X 公司可算是做得最彻底的了,不仅像飞行一样测试,而且所有飞行的功能均要测试(test what you fly)。为了逼真,

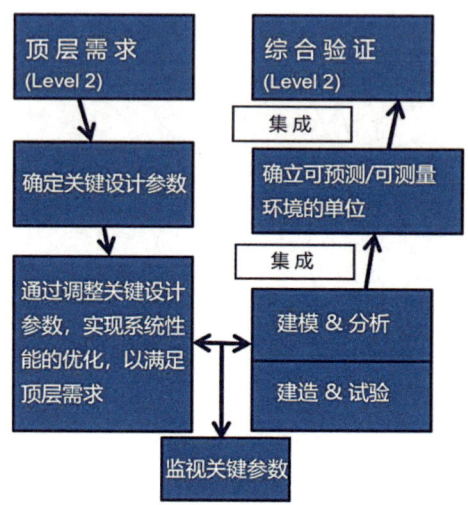

图 7　Space X 公司开发模型

Space X 公司甚至将大量的系统级测试直接安排在发射场进行。

不过 Space X 公司也同时认为,建立有创造性的高性能的系统工程文化是十分困难的。事实上,这也是让他们感到非常自豪的地方,因为他们自认为已经在创新与传统系统工程之间实现了良好的平衡,从而达到了敏捷开发且费用可承受的目的。

图书在版编目（CIP）数据

转型：智能制造的新基建时代 / 李向前，陈明，杨敏主编. -- 上海：上海科学技术出版社，2020.10
ISBN 978-7-5478-5023-7

Ⅰ.①转… Ⅱ.①李… ②陈… ③杨… Ⅲ.①制造工业－工业企业管理－研究－中国 Ⅳ.①F426.4

中国版本图书馆CIP数据核字（2020）第132943号

转型：智能制造的新基建时代

李向前 陈 明 杨 敏 主编

上海世纪出版（集团）有限公司
上 海 科 学 技 术 出 版 社　出版、发行
（上海钦州南路71号　邮政编码200235　www.sstp.cn）
上海雅昌艺术印刷有限公司印刷
开本 890×1240　1/32　印张 8.25
字数 150千字
2020年10月第1版　2020年10月第1次印刷
ISBN 978-7-5478-5023-7/TB·14
定价：68.00元

本书如有缺页、错装或坏损等严重质量问题，
请向工厂联系调换